El Fusible del Fusil - El terrorismo como marco jurídico para la aplicación del Derecho Internacional Humanitario

Rogerio Cietto

Published by Rogerio Cietto, 2021.

El fusible del fusil – El terrorismo como marco jurídico para la aplicación del Derecho Internacional Humanitario

Publicado por Rogerio Paiva Cietto en el Draft2Digital

Escucha, Señor, mi voz lastimera. Protege mi vida del terror del enemigo, protégeme de la conspiración de los impíos, líbrame de la multitud de los que hacen iniquidad. Afilan la lengua como espadas, disparan palabras envenenadas como flechas, para disparar, desde el escondite, al inocente, para herirlo de repente, sin miedo a nada. Obstínanse en sus malos designios, ocultan en secreto cómo armar sus trampas, diciendo: ¿Quién nos verá? Planean crímenes y esconden sus planes; insondables son el espíritu y el corazón de cada uno. Pero Dios los golpea con sus flechas, de repente quedan heridos. Su propio idioma los preparó para la ruina. Aquellos que los ven mueven la cabeza. Por temor, afirman ser la obra de Dios y reconocen lo que ha hecho. El justo se regocija en el Señor y confía en él. Y todos los rectos de corazón triunfan.
Salmos 63 (64), 2-11

RESUMEN

Este trabajo tiene como objetivo estudiar el fenómeno del terrorismo como evento capaz de modificar el ordenamiento jurídico que regula el uso de la fuerza armada del Estado contra el grupo responsable por el atentado, de forma a garantir la protección jurídica necesaria para el empleo de la violencia estatal visando garantir la protección del Estado Democrático de Derecho amenazado. En principio se definen los conceptos de Estado y Nación, así como uno de sus pilares, la Soberanía, e el uso legítimo de la violencia contra el ciudadano para hacer respetar la ley y la orden. Después presentamos los dos ordenamientos jurídicos aplicables para el uso de la fuerza armada, los Derechos Humanos y el Derecho Internacional Humanitario. En la secuencia estudiamos el fenómeno del terrorismo, en especial la tipificación de este crimen dentro de la orden jurídica. Hacemos un abordaje sobre la justicia local e internacional, así como la justicia transicional. Presentamos las normas jurídicas internacionales para reprimir el terrorismo y el uso de las normas jurídicas por parte de los terroristas para alcanzar sus objetivos. Al final estudiamos casos de grupos terroristas revolucionarios y los comparamos con grupos criminales que usan el terrorismo con intención revolucionaria, aunque no declarada. Esta obra se basa en búsqueda y bibliografía sobre el asunto.

Palabras-llave: Terrorismo. Estado de Derecho. Crímenes internacionales. Derecho Internacional.

ABSTRACT

The objective of this work is to study the phenomenon of terrorism as an event capable of modifying the legal system that regulates the use of the State's armed force against the group responsible for the attack, in order to guarantee the legal protection necessary for the use of violence so as to guarantee the protection of the democratic State of Law threatened. In principle, the concepts of State and Nation are defined, as well as one of its pillars, Sovereignty, and the legitimate use of violence against the citizen to ensure respect for law and order. Next, we present the two applicable legal systems for the use of armed force, Human Rights and International Humanitarian Law. In the sequence we study the phenomenon of terrorism, especially the classification of this crime within the legal order. We do an approach on local and international justice, as well as transitional justice. We present the international legal norms to suppress terrorism and the use of legal norms by terrorists to achieve their objectives. In the end, we study cases of revolutionary terrorist groups and we compare them with criminal groups that use terrorism with revolutionary intentions, although not declared. This work is based on research and bibliography on the subject.

Keywords: Terrorism. Rule of law. International crimes. International right.

RÉSUMÉ

L'objectif de ce travail est d'étudier le phénomène du terrorisme en tant qu'événement susceptible de modifier le système juridique qui réglemente l'utilisation de la force armée de l'État contre le groupe responsable de l'attaque, afin de garantir la protection juridique nécessaire à l'usage de la violence par l'État visant à garantir la protection de l'État de Droit démocratique menacé. En principe, les concepts d'État et de Nation sont définis, ainsi que l'un de ses piliers, la Souveraineté, et l'usage légitime de la violence contre le citoyen pour assurer le respect de la loi et de l'ordre. Ensuite, nous présentons les deux systèmes juridiques applicables à l'utilisation de la force armée, les Droits de l'Homme et le Droit International Humanitaire. Dans la séquence, nous étudions le phénomène du terrorisme, en particulier la classification de ce crime dans l'ordre juridique. Nous faisons une approche sur la justice locale et internationale, ainsi que sur la justice transitionnelle. Nous présentons les normes juridiques internationales pour réprimer le terrorisme et l'utilisation de normes juridiques par les terroristes pour atteindre leurs objectifs. En fin de compte, nous étudions des cas de groupes terroristes révolutionnaires et nous les comparons avec des groupes criminels qui utilisent le terrorisme avec des intentions révolutionnaires, bien que non déclarées. Ce travail est basé sur des recherches et une bibliographie sur le sujet.

Mots clés: Terrorisme. État de droit. Crimes internationaux. Droit international.

ÍNDICE

1. INTRODUCCIÓN

2. ESTADO Y NACIÓN

2.1 ESTADO

2.2. NACIÓN

3. SOBERANÍA Y VIOLENCIA

3.1 SOBERANÍA

3.2. ESTADO Y VIOLENCIA

4. DERECHO INTERNACIONAL HUMANITÁRIO Y DERECHOS HUMANOS

5. TERRORISMO, NUEVAS Y VIEJAS FORMAS

5.1. DEFINICIONES DE TERRORISMO

5.2. INTENCIÓN DEL TERRORISMO

6. QUE TIPO DE CRIMEN ES EL TERRORISMO?

7. PAPEL DE LAS CORTES DE JUSTICIA LOCALES Y INTERNACIONALES

7.1. TRIBUNALES CRIMINALES INTERNACIONALES

7.2. EL TRIBUNAL PENAL INTERNACIONAL (TPI)

7.3. JURISDICCIÓN CRIMINAL INTERNACIONALIZADA

7.4. ASPECTOS DE LA JUSTICIA TRANSICIONAL

8. ESFUERZOS DE LA COMUNIDAD INTERNACIONAL CONTRA EL TERRORISMO

9. ASPECTOS DE LA GUERRA JURÍDICA CONTRA EL TERRORISMO

10. ESTUDIO DE CASO DE GRUPOS TERRORISTAS REVOLUCIONÁRIOS

11. ESTUDIO DE CASO DE GRUPOS CRIMINOSOS QUE PRATICAM EL TERRORISMO

12. CONCLUSIÓN

REFERÉNCIAS BIBLIOGRAFICAS

1. INTRODUCCIÓN

El fusible es un dispositivo de seguridad de un circuito eléctrico, que tiene la función de interrumpir el pasaje de corriente eléctrica en el circuito, cuando la corriente excede el límite permitido por el fusible, evitando así un cortocircuito. En los viejos días era utilizado para proteger la parte eléctrica de las residencias, y fue sustituido por el disyuntor, que simplemente se apaga cuando la corriente es mayor de la que puede soportar. Hoy los fusibles son ampliamente utilizados en electrodomésticos.

El fusil es un arma de fuego portable, de munición retroalimentada, semiautomática o automática, con tubo largo de alma rayada (para mayor precisión) (Decreto 10.030, de 30 de septiembre de 2019, Regulación de Productos Controlados (R-105), acceso el 20 de agosto de 2020). Diferente de una pistola (armamento para defensa personal), el fusil tiene un alcance mayor y más destructivo, siendo el armamento utilizado por las fuerzas armadas de todo el mundo en los conflictos internacionales, no-internacionales e incluso en las situaciones de represión a grupos criminales y terroristas.

Así como el fusible es utilizado para proteger la residencia de un exceso de corriente eléctrica, el fusil (el uso de la fuerza armada) es utilizado para proteger un país de un exceso de tensión político-jurídica. El fusible quema para proteger el conjunto de componentes electrónicos de un dispositivo de una situación de riesgo. El fusil entra en escena para proteger el conjunto de valores políticos, jurídicos e incluso económicos de una sociedad en una situación de riesgo.

Pero es fácil medir la corriente de un circuito y proyectar un fusible compatible con el uso medio. Por otro lado, no es fácil encontrar un indicador seguro para el empleo de la fuerza armada en las diversas situaciones político-jurídicas de tensión de una sociedad. Entre la paz durable y un genocidio existe una nube de hipótesis de tensiones internas, ocasionadas tanto por elementos naturales como antropológicos, incluso la mezcla de ambos.

¿Por qué esta definición es importante? Porque a partir de ella se va a definir el ordenamiento jurídico aplicable para legitimar el uso de la fuerza. Sucintamente, para las situaciones de normalidad institucional (incluso disturbios internos, el combate y prevención al crimen y manifestaciones políticas) las reglas de los Derechos Humanos (DH) son aplicables. Para los casos de ruptura institucional (golpes de Estado, revoluciones armadas y guerras civiles) el Derecho Internacional Humanitario (DIH) es lo más adecuado.

Cuando la situación se presenta claramente, es decir, cuando hay una declaración expresa de un grupo de personas organizadas de que su objetivo es la tomada del poder por medio de las armas, y de hecho este grupo tiene condiciones de realizar su intento, seguramente tenemos un conflicto armado. Pero existen grupos de personas organizadas que no declaran su intento revolucionario al público, tienen condiciones de tomar el poder, están en vías de hacerlo de forma gradual y discreta, y utilizan de las herramientas jurídicas previstas en los Derechos Humanos para realizar su intento.

Por ejemplo, las autoridades estatales y federales brasileñas tienen indicios de que las facciones criminales que operan en el país ya estaban actuando para intentar influir en el proceso electoral de 2018 en al menos nueve estados, repartidos en las cinco regiones de Brasil (Disponible en <https://noticias.uol.com.br/politica/eleicoes/2018/noticias/2018/09/22/crime-organizado-nas-eleicoes-faccoes-criminosas-do-brasil-na-politica.htm> acceso el 20 de agosto de 2020). Las organizaciones criminosas intentaran influenciar en las elecciones por medio de financiamiento ilegal de candidatos o partidos, candidaturas de miembros de facciones o personas vinculadas a ellos, y la capacidad de coaccionar a los votantes para que voten por candidatos apoyados por esas organizaciones.

Investigadores de São Paulo y Río de Janeiro revelaron que al menos 20 candidatos (diez en cada estado) están siendo investigados por sus presuntos vínculos con facciones criminales como CV (Comando Vermelho) y PCC (Primeiro Comando da Capital). ¿Esos candidatos, caso elegidos, van a defender el interés colectivo de los brasileños por la paz, el progreso económico y la orden social, o el interés de su grupo criminal en proyectar su poder e influencia para alcanzar sus objetivos oscuros?

Utilizar la violencia armada y el poder económico para elegir candidatos está lejos de lo que se entiende como elecciones libres, y esa práctica corrompe las bases del Estado democrático. Aún más, el PCC en mayo de 2006 he practicado actos criminosos sistematizados e indiscriminados contra la populación paulista, lo que puede ser cualificado como atentado terrorista por su magnitud y consecuencias, en una rara demonstración de poder (Disponible en <http://g1.globo.com/sao-paulo/noticia/2016/05/ha-dez-anos-sao-paulo-parou-durante-serie-de-ataques-contra-policiais-e-civis.html> acceso el 20 de agosto de 2020).

¿Esos dos grupos criminales (PCC y CV), organizados con una estructura de personal, de logística y financiera, alguna vez declararon que intentan tomar el poder en Brasil, contra la voluntad del pueblo brasileño? No hay noticia de tal declaración. ¿Esas dos organizaciones criminales, por medio de las reglas electorales y bajo el Estado de Derecho brasileño, están buscando subvertir el Estado brasileño para obtener ventajas para sus actividades ilícitas? Seguramente la respuesta es afirmativa. No se declara, pero lo está haciendo gradualmente su proyección de poder como en una típica revolución.

El terrorismo es un fenómeno reciente en la historia de Brasil. El primer caso de atentado contra la populación civil mientras el Estado democrático moderno de 1988 fue el practicado por el PCC en mayo de 2006, pero este no es reconocido como acto terrorista por el gobierno, sino como acto criminal común. El asunto se hizo evidente después de los llamados Grandes Eventos de Brasil, como los Juegos Mundiales Militares en 2011, la Conferencia de Medio Ambiente Río + 20 en 2012, la Copa de las Confederaciones en 2013, la Jornada Mundial de la Juventud en 2013, la Copa Mundial de la FIFA en 2014 y los Juegos Olímpicos en 2016 hicieron el tema de terrorismo ganar evidencia, no por la ausencia de capacidades contraterroristas o de inteligencia, sino por respaldo jurídico insuficiente.

La ausencia de una disposición legal para el delito de terrorismo hasta la promulgación de la Ley de Terrorismo en Brasil (Ley 10.260, de 16 de mayo de 2016 (Disponible en <http://www.planalto.gov.br/ccivil_03/_ato2015-2018/2016/lei/l13260.htm> acceso en 20 de agosto de 2020) en Brasil no impidió su prevención o represión. Incluso en una época en la que no existía ninguna disposición para este tipo de delito específico, sus diversas formas están tipificadas en el Código Penal y en una legislación penal extravagante. Matar a alguien, privar a alguien de su libertad, exponer la vida y la salud de alguien en riesgo, prenderle fuego, explotar son delitos en Brasil desde 1500.

El preámbulo de la actual Ley de Terrorismo en Brasil establece que "regula lo dispuesto en el ítem XLIII del art. 5º de la Constitución Federal, disciplinando el terrorismo, atendiendo las disposiciones investigativas y procesales y reformulando el concepto de organización terrorista (...)".

El párrafo 2 del Art. 2 de la citada ley establece que NO es terrorismo "la conducta individual o colectiva de personas en manifestaciones políticas, movimientos sociales, sindicales, religiosos, de clase o de categoría profesional, dirigidos con fines sociales o reivindicativos, con el objetivo de impugnar, criticar, protestar o apoyar, con el objetivo de defender los derechos, garantías y libertades constitucionales, sin perjuicio de la tipificación penal contenida en la ley".

Se percibe que la intención del legislador en ese momento no era prevenir, combatir o enfrentar el terrorismo, sino únicamente disciplinarlo, es decir, enumerar las hipótesis en las que sería ilegal el uso de la violencia contra civiles con el propósito de lograr un cambio político, dejando lugar a otras hipótesis en las que el mismo hecho típico del terrorismo no se tipificaba como delito en teoría.

Mismo después de los Grandes Eventos la amenaza terrorista continua entre los brasileños. El candidato elegido a la presidencia de la Republica, Jair Bolsonaro, fue atacado por puñaladas en la ciudad de Juiz de Fora durante la corrida presidencial en el 6 de septiembre de 2018, (víspera de las conmemoraciones de la Independencia) (Disponible en <https://g1.globo.com/politica/noticia/2019/01/27/cronologia-atentado-contra-jair-bolsonaro.ghtml>. Acceso el 20 de agosto de 2020). Hasta el momento el perpetrador no fue condenado por presentar problemas psiquiátricos y no hay ninguna noticia sobre mandantes del crimen. Importante destacar que el acto fue considerado típico de un lone wolf, pero el perpetrador del crimen, un camarero sin empleo fijo, fue defendido por cinco abogados renombrados de la capital del Estado de Minas, que llegaran en el mismo día del atentado por avión para hacer su defesa.

El grupo Sociedad Secreta Silvestre (SSS), brazo brasileño del grupo internacional eco extremista Individualistas que Tienden al Salvaje (ITS) colocó una bomba frente a una iglesia católica a 50 kilómetros del Palacio Planalto en la víspera de la pose presidencial en 2018, y una bomba en la estación de autobuses de Brasilia, que no funcionaron. Pero tuvieron suceso en quemar dos coches del IBAMA (órgano federal de fiscalización ambiental) en abril de 2019 (Disponible en <https://veja.abril.com.br/brasil/bolsonaro-terror-capa-veja/> Acceso el 20 de agosto de 2020).

La declaración de beligerancia no está presente en ninguno de esos casos, pero la amenaza al Estado de Derecho no puede ser negada. Seguramente el caso de Brasil no es aislado, otros países tienen las mismas amenazas, especialmente en la civilización occidental, fundada sobre la dignidad de la persona humana y el respecto a los derechos y garantías fundamentales del ciudadano.

Si no hay una declaración de beligerancia, por al menos una de las partes, no se puede afirmar que hay un conflicto armado, así no se aplica el DIH al caso concreto, sino el DH. Pero los casos presentados demuestran que el DH no proporciona el apoyo jurídico adecuado cuando grupos organizados intentan el colapso del Estado de Derecho para su provecho, y utilizan las protecciones legales para proteger sus actividades ilícitas.

Este trabajo propone un abordaje holístico sobre la prevención y el combate al terrorismo, demostrando que hay ocasiones en que un acto que disemina el terror en una población con vistas a atacar las instituciones políticas de un Estado proporciona un cambio de ordenamiento jurídico aplicable al caso concreto, de DH para DIH, visto que una situación de instabilidad institucional puede cambiar para un conflicto armado si un evento de esta naturaleza es practicado.

Para realizar este objetivo se hace necesario una breve presentación sobre los conceptos de Estado y Nación, como surgen y son reconocidos en el Derecho Internacional, para después comentamos sobre uno de los aspectos más importantes de un Estado, la Soberanía y su defensa, incluso por medios violentos (uso de la fuerza armada).

En seguida exponemos las reglas jurídicas aplicables para el uso adecuado de la fuerza por parte del Estado en tiempo de paz (los Derechos Humanos) y en tiempo de guerra (el Derecho Internacional Humanitario o Derecho Internacional de los Conflictos Armados).

La parte central del trabajo será observar objetivamente el fenómeno del terrorismo, sus elementos constitutivos, objetivos principales e indirectos, incluso sus tendencias en el presente momento, y poner la cuestión de qué tipo de crimen es el terrorismo, para mejor entender lo que está siendo amenazado.

La importancia de las cortes nacionales e internacionales de justicia en el combate al terrorismo es presentada, así como el trabajo de comisiones de verdad y reconciliación encargadas de manejar las pautas jurídico-sociales para la paz en el período posconflicto, una rama de derecho llamada justicia transicional.

En secuencia nos acercamos de la legislación internacional sobre el terrorismo, los esfuerzos de la comunidad internacional para su prevención y represión, así como importantes aspectos de la guerra jurídica practicada por los elementos menos favorecidos de un conflicto armado asimétrico.

Al final exponemos casos de grupos armados declaradamente revolucionarios en América Latina, en comparación con grupos criminales que no declaran abiertamente sus intenciones revolucionarias, ambos utilizando atentados terroristas para obtener espacio en los medios de comunicación y proyección de poder, y demostramos que los segundos son más peligrosos para el Estado Democrático de Derecho de un país que los primeros.

2. ESTADO Y NACIÓN
2.1 ESTADO

El concepto de poder y su relación con la ley se analizarán en este capítulo, para una explicación de la historia de sus manifestaciones, a fin de verificar si es posible elegir un titular y si es necesario imponer una limitación para desvelarlo más tarde. Es necesario comprender el poder, así como sus estatutos, límites, propósito y legitimidad, para identificar mejor las consecuencias de su uso inapropiado, considerando que el poder está en cualquier parte, así como el aire que se respira (BOBBIO, 1988, p. 204).

Todas las sociedades están de alguna manera organizadas políticamente, incluso las más primitivas. Es decir, en cada sociedad existen mecanismos establecidos, a través de los cuales se formulan e implementan las decisiones públicas (DALLARI, 1998, p. 34). En un lenguaje común, podemos decir que cada comunidad tiene algún tipo de "gobierno", aunque, histórica y geográficamente, la estructura y el funcionamiento de estos gobiernos varían ampliamente. En relación con algunos de ellos, sería necesario abandonar nuestras nociones preconcebidas sobre el tema para reconocer su existencia, ya que tienen poco que ver con lo que ahora llamamos gobierno. Pero el hecho es que no se puede prescindir de un mínimo de organización política. Una colectividad sin ella no sería humana, sino animal.

Sin embargo, la constatación de que siempre hay un "gobierno" no es suficiente para que pensemos adecuadamente sobre el tema, ya que necesitamos ampliar nuestra perspectiva, incluso para comprender la propia acción del gobierno. Quizás la forma más fácil es usar un poco de lo que podríamos llamar de imaginación histórica. De esta manera, imaginaremos situaciones que pueden no haber ocurrido como las describiremos, y ciertamente no sucedieron, porque tendremos una visión necesariamente muy simplificada de procesos históricos bastante complejos. Sin embargo, no se trata de distorsionar la historia, sino simplemente de usar la característica de hacer esquemas para que ciertos aspectos del tema sean más fáciles de entender.

Imaginemos, entonces, una sociedad primitiva, al comienzo de la historia, que servirá de modelo. En los primeros días, por supuesto, los hombres no eran muy diferentes de otros animales, ya que su tecnología, es decir, instrumentos y medios de producción, era extremadamente precaria. Sin embargo, la inteligencia, el uso de palabras y manos, además de otras ventajas evolutivas, ya marcaron a nuestra sociedad como una colectividad muy diferente de un simple grupo de monos superiores.

Es razonable suponer que los primeros líderes de esta sociedad eran simplemente los más fuertes, que podían imponer su voluntad a los demás. Sin embargo, incluso los miembros más fuertes de un grupo no pueden enfrentarse a todos los demás miembros juntos. Por lo tanto, los más fuertes intercambiaron sus privilegios por alguna forma de servicio a la comunidad: liderando la lucha contra enemigos humanos y animales, liderando la caza y otros. Sin embargo, con el paso del tiempo y la llegada de los avances tecnológicos, solo ser el más fuerte no fue suficiente para ser el líder. Por ejemplo, si una persona de inteligencia y habilidad superior inventó la primera arma (una lanza primitiva o un hacha de piedra), es evidente que la fuerza física ya estaba equilibrada por algo que la aumentó considerablemente, además de introducir una nueva noción espacial en la experiencia humana: el arma alargaba el brazo, un hecho incomprensible e intimidante para los animales salvajes y amenazante para el hombre mismo. Así, desde el principio, la tecnología desempeñó un papel muy importante en la organización de la sociedad. El control de la tecnología comenzó a permitir el ejercicio de un papel dominante en las decisiones colectivas: la tecnología era igual al poder. Quien tenía un hacha o lanzas tenía poder (BALMOND, 2010).

Por otro lado, los avances tecnológicos en áreas distintas a los armamentos, como, por ejemplo, los relacionados con la producción más eficiente de alimentos y ropa. Si, al principio, los cazadores-recolectores dependían de las frutas que podían cosechar y de los animales salvajes que lograban capturar, su situación era muy precaria. El misterioso «poder» estaba más concentrado en la naturaleza, ya que las lanzas, piedras y hachas hicieron poco para ayudar contra la eventual escasez de caza o plantas comestibles.

El comienzo del cultivo intencional y organizado de plantas comestibles y el pastoreo de animales son, por lo tanto, avances muy importantes en las sociedades primitivas. La colectividad se vuelve más fuerte, más capaz de resistir las crisis naturales, más capaz de sobrevivir y aumentar su población, mejor calificada para fortalecer su cultura, a través de la contribución de la experiencia de los viejos, que antes no existían. El poder no es solo el de las armas, es mucho más el de aquellos que poseen la tecnología de cultivo y pastoreo. Puede ser necesario en nuestra sociedad primitiva defenderse de los vecinos depredadores que, sin saber cómo criar ganado o plantar ellos mismos, deciden saquear la propiedad de otros por la fuerza. Esta puede ser la raíz del surgimiento de la profesión militar en innumerables naciones.

A su vez, los avances tecnológicos generarán lo que generalmente se llama la división social del trabajo. Mientras que algunos habitantes se limitaron a recoger frutas silvestres y matar animales que tuvieron la desgracia de encontrar a un hombre armado por delante, el trabajo de la comunidad y probablemente la propiedad pertenecían a todos, sin mucha diferencia, como resultado de la simplicidad de las tareas realizadas por la comunidad. Con el cultivo y el pastoreo, la división ya está comenzando a aparecer. Se deben agregar nuevos avances tecnológicos, causados precisamente por el cultivo y el pastoreo. Por ejemplo, muchas de las plantas domesticadas (trigo y maíz, por ejemplo) dependían, para su consumo, de la preparación. Es necesario no solo cosechar el trigo, sino también seleccionar y trillar las espigas, hacer harina y producir pan con fuego. Todas estas son actividades nuevas, que se extenderán gradualmente a diferentes sectores de la comunidad, así como las actividades generadas por el pastoreo, como el manejo del ganado, el sacrificio, el uso de pieles, la conservación de la carne, el uso de la leche, etc. Muchas actividades requerirán, por así decirlo, equipos, con la tendencia a formar grupos especiales y constituir alguna forma (a menudo esotérica) para la transmisión de conocimiento especializado a las nuevas generaciones. Otras actividades, por una razón u otra, se devaluarán o subordinarán. Finalmente, uno puede imaginar la complejidad de las situaciones a medida que se desarrolla una sociedad primitiva.

Es importante notar que este proceso de división social del trabajo introduce conflictos de interés en la comunidad que previamente fueron simples. Por lo tanto, para un agricultor, el campo será un lugar para sembrar; para un ganadero, un lugar para convertirse en pasto. Quien se apropia, para sí mismo o para su grupo familiar, de un terreno defendido por la fuerza podrá explotar el trabajo de otros, de aquellos que no han obtenido tierras utilizables. Quien produzca trigo podrá cambiarlo por carne y viceversa, y el valor relativo de estos bienes, ahora transformados en mercancías, sin duda será arbitrado en un proceso que implicará conflictos. Por lo tanto, el interés de algunos no es necesariamente, como lo era antes, el interés de todos. De hecho, es difícil establecer cuál es el interés de toda la comunidad (interés público), porque lo que se adapta a uno de sus grupos o subgrupos internos no se adaptará al otro, o menos. Agregue a esto otro hecho importante: la posibilidad de acumulación de excedentes, es decir, de bienes en una cantidad superior a la que es indispensable para el consumo de su productor, lo que marcará profundamente el perfil socioeconómico de la sociedad, a través de diversos resultados notables, como la acumulación individual de riqueza y el desarrollo del comercio, una actividad no productiva inimaginable en una sociedad primitiva, y ahora esencial.

Los conflictos de intereses causan tensión. La tensión solo puede resolverse con el conflicto. La mejor solución sería establecer un sistema a través del cual estos conflictos pudieran resolverse de manera armoniosa y pacífica, a través de concesiones que beneficiarían a todas las partes interesadas. Esta utopía continúa siendo perseguida hoy y, al parecer, está muy lejos de su realización. Antes de que existieran las instituciones de mediación supranacionales, los conflictos de intereses se resolvieron en la confrontación, con la victoria de quienes tienen instrumentos más efectivos: tecnologías utilizadas solas o juntas para imponer su voluntad (BROWNLIE, 2008, p. 56).

Entre los diferentes caminos que podría tomar la evolución de una sociedad, imagine que los conflictos de tierras entre pastores y agricultores alcanzaron un nivel tan crítico que se declaró una guerra civil o similar, con la victoria de los pastores, por ejemplo. Inmediatamente, los pastores se organizarían para mantener su hegemonía y sus líderes serían los líderes de toda la comunidad. Los intereses predominantes serían los de pastores y conflictos, arbitrados por ellos. Las costumbres y los valores tenderían a ennoblecer progresivamente el pastoreo y las actividades relacionadas (como montar a caballo, producir queso, etc.) y reducir las actividades de cultivo de la tierra. Las actividades nobles podrían estar prohibidas para los agricultores, que, en el caso de montar a caballo, también tendrían la ventaja adicional de no permitir que los dominados tengan control sobre un arma de combate poderosa y una herramienta útil para generar excedentes agrícolas, el caballo. Las religiones podrían desarrollar mitos adecuados a la cosmovisión de los pastores, como dioses de los bueyes o dioses del pastor, o cuentos populares sobre dos hermanos, un pastor y otro granjero, un noble y otro vil, que, en cierto modo, ocurre con la narración bíblica de Caín y Abel, porque Dios rechaza la oferta del granjero, generando el primer asesinato de la humanidad. En cualquier caso, el estudio de la historia nos muestra los caminos que tomaron los diferentes pueblos y sus consecuencias (ROMANI; SCIARETTA, 2011, v. 1, p. 99).

Con la victoria, los pastores resolvieron el conflicto básico de su sociedad y, a corto plazo, están garantizados en el poder, pudiendo imponer sus decisiones (soberanía). Con el tiempo, esta situación puede no quedar tan clara, ya que los sacerdotes (de la clase de pastores y los responsables de la religión), los militares y otras categorías asumen roles que oscurecen la relación dominada por los dominantes. Por lo tanto, la tendencia de los vencedores es crear todo tipo de mecanismos para estabilizarse en el poder (MAQUIAVEL, 1999, p. 81). De esta manera, la división entre gobernadores y gobernados, establecida con la victoria de los pastores, se institucionaliza.

No es difícil entender qué es la institucionalización. Imagine que, después de ganar el conflicto, uno de los pastores se convirtió en líder y, durante el tiempo que vivió, gradualmente realizó una serie de responsabilidades y tareas importantes para su pueblo. Con la muerte del líder, se supone que se elegirá a alguien para asumir el mismo cargo. Se observa que hay una función social y política que cumplir, independientemente de la persona que la realice. La organización se mantendrá si hay un liderazgo, no solo un líder. En el momento en que el liderazgo surge (incluso si es abstracto, expresado en símbolos como cetros, coronas y en actitudes como la deferencia de la población), independientemente de la persona, este liderazgo se convierte en una institución. Con la institucionalización del liderazgo, el proceso de sucesión también se institucionaliza y aparecen otras instituciones, paralelas o posteriores. En comparación con Brasil hoy, tenemos instituciones como la Presidencia de la República, el Congreso Nacional, las Fuerzas Armadas, los Tribunales, el Ministerio Público y muchos otros.

Este conjunto de instituciones se llama Estado. De hecho, se puede decir que el Estado aparece en dos etapas: el establecimiento de la división entre gobernantes y gobernados; y la institucionalización de esta división. Donde existan tales condiciones, habrá un estado, ya sea dirigido por un presidente, emperador u otra figura, leyes escritas o costumbres orales, uno, dos, tres o más Poderes, etc. Y el funcionamiento de este Estado, de sus instituciones principales y paralelas, siempre se puede entender a la luz de la historia de esa sociedad, de su estructura social y económica, porque el Estado sigue una lógica, es decir, se deriva de una situación social concreta.

Las instituciones siempre se incluyen en un cuadro amplio, llamado orden legal, un conjunto de normas de aplicabilidad general, que rigen el funcionamiento de la comunidad. Incluso después del establecimiento de un estado complejo, es posible que las reglas legales, lo que ahora llamamos leyes, no se hayan escrito y mezclado con reglas religiosas, morales y relacionadas. Esto todavía existe hoy, pero lo que es común es que el orden legal es más o menos distinto del orden religioso y moral, con varias implicaciones.

Siempre debe considerarse que el ejercicio de la imaginación histórica, descrito anteriormente, no puede entenderse literalmente. Se hizo un resumen de los procesos desarrollados durante miles de años, solo un recurso para comprender que los hechos históricos no ocurren por casualidad, pero hay razones y objetivos en muchas cosas en las que no percibimos estos atributos al principio.

Así, con el surgimiento de actividades y más tarde, de diversos intereses en una comunidad previamente igualitaria debido a la escasez de recursos y medios tecnológicos, se declaran conflictos de intereses. Estos conflictos se resuelven con el dominio de un grupo por otro, estableciendo una diferencia entre los señores superiores y los sujetos. Esta diferencia se institucionaliza, formando un orden legal. De esta manera, se establecen los fundamentos del Estado. Hay un estado en cada sociedad organizada política y legalmente. También se puede decir que el Estado es la organización política y legal de la sociedad, que a menudo se confunde con la sociedad.

Teniendo en cuenta que una sociedad es un sistema de relaciones de poder, estas relaciones pueden tener un carácter político, social, económico, religioso y cultural, teniendo en cuenta que el poder es una relación sociopsicológica entre quien tiene el poder y lo ejerce (titulares de poder) y aquel a quien se dirige el poder (receptores de poder).

Es en esta sociedad que el Estado emerge como una forma preponderante de organización sociopolítica, en la que el poder político actúa para ejercer el control social de quienes están en el poder y sus destinatarios. Sin embargo, el poder no solo domina esta relación entre los titulares y los receptores del poder, sino que también condiciona las relaciones entre los distintos titulares del poder (KELSEN, 2005, p. 274).

2.2. NACIÓN

La palabra Estado tiene un uso confuso para los brasileños, debido a la forma del Estado brasileño, que es una Federación, dividida entre la Unión (gobierno federal) y los Estados. Así, cuando se habla del Estado, los brasileños comúnmente piensan en Mato Grosso, Minas Gerais, Pará o Paraná. Aquí, sin embargo, usamos el Estado en otro sentido. El término Estado, que se refiere a São Paulo o Río de Janeiro, puede llamarse «Estado miembro», ya que todos son parte del Estado brasileño. En este sentido, Brasil es un Estado, como lo son la España o los Estados Unidos. Portugal, en el momento de las Grandes Navegaciones, era un Estado, y lo sigue siendo, incluso participando en la Unión Europea. En la época del Imperio, Brasil era un Estado, al igual que Mesopotamia, Persia y Roma eran Estados, en sus respectivos tiempos.

En lenguaje coloquial, es común usar las palabras «Estado», «Nación», «País», «Patria», sin distinción. Sin embargo, para profundizar el estudio del tema propuesto, es necesario utilizar cada término en su lugar apropiado. El término País se refiere a la ubicación geográfica de un Estado o Nación, y la Patria indica el vínculo afectivo, cultural e histórico con el Estado o Nación. Estado y Nación, por otro lado, exigen una explicación más elaborada.

Actualmente, la mayoría de los países pueden clasificarse como «Estados nacionales». Quizás incluso los estados no nacionales sean mayoría, dependiendo de los criterios de evaluación. Hay Estados que conforman varias naciones, y naciones que incluyen varios Estados. La Nación significa una raza o etnia común, un idioma similar, una historia conjunta, tradiciones, valores y hábitos similares; en otras palabras, cultura en sentido amplio, un sentimiento que hace un Cearense, un Carioca, un Gaucho y un Paulista sentirse miembros de la misma nación, incluso con diferencias regionales. Rachel de Queiroz, Machado de Assis, Érico Veríssimo y Monteiro Lobato son parte del patrimonio afectivo, histórico y cultural de todos los brasileños.

Lo mismo no es cierto, por ejemplo, con otras personas que viven mucho más cerca que cearenses y gauchos, como los vascos y los castellanos. Los vascos, que hablan su propio idioma y tienen su propia cultura, se encuentran en España y Francia, llamado País Vasco, pero pueden ser ciudadanos del estado español o francés. Sin embargo, no son ciudadanos de España o Francia, son vascos. Aunque están sujetos al orden legal de Francia o España, formalmente no son ciudadanos vascos, y por esta razón muchos de ellos llevan su inconformidad al extremo, buscando establecer un Estado nacional vasco por violencia (INFO ESCOLA, 2018), sin tener en cuenta el orden legal que alberga su gente. La misma fricción ocurre con los pueblos indígenas de América, la Galia (territorio francés) y Cataluña (territorio español), y los Touaregs del norte de África.

Para los brasileños es muy difícil entender este problema. Brasil es un caso excepcional, en el que un estado geográficamente grande coincide con una nación, incluso si algunos comen barreado y otros prefieren maniçoba (las preferencias culinarias son diferencias culturales muy superficiales). Rusia, por ejemplo, es una de varias naciones que formaron el estado soviético. Los habitantes de Ucrania, Georgia y otras antiguas repúblicas soviéticas eran ciudadanos rusos hasta el final del Pacto de Varsovia. Del mismo modo, los Estados Unidos están formados por colonias inglesas, francesas y españolas, y la identidad nacional estadounidense se forjó por el sentimiento común de diferentes culturas para la búsqueda de la felicidad, la prosperidad y la seguridad. En Canadá, coexisten dos naciones principales, la inglesa y la francesa (GUÍA DE CANADÁ, 2019), junto con los pueblos precolombinos. Los descendientes franceses, en varias ocasiones, ya han demostrado su voluntad de separarse del Estado canadiense, que a su vez es una Monarquía Constitucional vinculada a la Corona Británica (THE ROYAL FAMILY, 2019). El Estado nacional británico, al mismo tiempo que reafirma sus lazos nacionales al alejarse de la Unión Europea (el llamado Brexit), está disminuyendo parte de su identidad nacional con la relativa independencia reciente de Escocia, siguiendo los pasos dados por Irlanda hace un siglo. Italia era muchos estados en el siglo XIX, como Venecia, Florencia, Génova, Sicilia, Sardegna, Nápoles y otros, antes de la unificación en torno a las mismas instituciones políticas. Yugoslavia era una ficción política y legal, que intentaba unificar varias naciones muy individuales, como los serbios, croatas, montenegrinos, macedonios, checos, eslovenos, eslovacos, etc. En el caso de africanos e indios, la palabra más utilizada es Tribu, en lugar de Nación, aunque el concepto sea similar. Los diversos grupos independientes de indígenas sudamericanos, aunque reducidos para ser considerados un estado multinacional, son naciones en un sentido amplio, sometidas a los estados constituidos brasileños, argentinos, chilenos u otros.

Aunque la mayoría de las naciones tienen territorio fijo, hay naciones sin este requisito. La nación gitana se extiende por todo el mundo, sin perder su identidad, sin la existencia del territorio gitano. Del mismo modo, las personas dispersas en muchos países pueden considerarse ciudadanos del mismo estado, como los llamados gobiernos en el exilio, como la Corona portuguesa cuando dejó Portugal en 1808, y aquellos resistentes a la ocupación nazi fuera de sus países, durante la Segunda Guerra Mundial.

Es importante tener en cuenta el patrimonio cultural de una nación en particular al tratar de comprender sus problemas, como los indígenas brasileños, los palestinos, los irlandeses y otras poblaciones, cuyos conflictos eventualmente son noticia, aunque muchos ocurren en lugares de los que rara vez escuchamos o están mal narrados, debido a los intereses involucrados. Son nociones fundamentales para comprender la historia de los pueblos, porque sin ella se pierde una buena parte de su significado. Por ejemplo, un evento histórico como la Guerra de los Cien Años a menudo se ve solo como una guerra de cien años entre Francia e Inglaterra en el siglo XVI. Sucede que Francia e Inglaterra, como la conocemos hoy, no existían. Además, había señores feudales franceses en las Islas Británicas y señores feudales ingleses en el continente francés. En otras palabras, no fue exactamente una guerra entre Francia e Inglaterra, sino crisis internas dentro de la clase dominante en ese momento, que pasó por el declive del feudalismo y el comienzo de la afirmación del poder de los reyes (el germen del estado nacional que reemplazaría las disputas y la soberanía). Si ignoramos estos hechos, nuestra comprensión se vería obstaculizada por pensamientos superficiales como "siempre hubo rencor entre el inglés y el francés", por lo que no analizamos adecuadamente los hechos por ignorar los datos pertinentes.

Una Nación se compone de tres elementos esenciales: territorio, pueblo y soberanía (KELSEN, 2005, p. 299), Analicemos con mayor profundidad uno de los elementos esenciales del Estado-Nación, la soberanía.

3. SOBERANÍA Y VIOLENCIA
3.1 SOBERANÍA

Al declarar que el Estado es soberano, significa que no se somete a nadie, que no hay poder por encima de él. Si un Estado dado no es políticamente independiente, no es soberano. Los ciudadanos de este Estado son, en la práctica, ciudadanos del Estado del que depende. Tenemos diferentes ejemplos en la historia antigua y contemporánea, de personas que viven en el limbo legal, la ciudadanía de segunda clase.

El poder político es ese poder ejercido por el Estado en una sociedad organizada. Es, por lo tanto, un poder privado, practicado con supremacía sobre todas las personas que están dentro de la jurisdicción del Estado. Este Estado surge para instituir, organizar y limitar el ejercicio del poder que organiza la colectividad de las personas, es un fenómeno legal, y nace de acuerdo con las normas creadas para ese fin (MIRANDA, 1983, p. 142).

La soberanía es un concepto político y legal, con diversas implicaciones. Actualmente, ni siquiera las superpotencias cuentan con una soberanía incuestionable y unilateral, ya que la interdependencia entre los Estados ya sea sobre el comercio, la economía, el medio ambiente o el poder de guerra, es un hecho indiscutible. Los estados más débiles (que tienen menos proyección del poder nacional) tienen una soberanía relativa, debilitada por la superioridad económica y militar de los más fuertes. En cualquier caso, tratase de respetar las apariencias. En otras palabras, un gobierno no le dice (públicamente) a otro: nombrar a dicho ministro, dejar de vender ese producto a un país consumidor. Sin embargo, la soberanía de los más débiles se viola en todo momento, además de las notorias zonas de influencia de las grandes potencias, en las que la soberanía del Estado está subordinada a los intereses de las potencias hegemónicas, como los países satélites que conformaron la Unión Soviética, Sudeste de Asia para China, las antiguas colonias africanas para Europa o América Latina para los Estados Unidos.

No hay consenso sobre el componente en el que se insertaría la soberanía. En el caso de Luis XIV, la solución fue afirmar: "L'état, c'est moi". Brevemente, declaró que el rey tenía soberanía, punto. Hoy, esta declaración es apenas relativa, debido al globalismo y la institución de organizaciones supranacionales como la Liga de Naciones, Naciones Unidas, Organización de Estados Americanos, Organización del Tratado del Atlántico Norte, Mercado Común del Sur, Unión Europea, entre otras. Hay Estados cuya soberanía se concentra en la figura del gobernante (o gobernantes, como una junta militar). En cualquier caso, es posible ver que la soberanía no está de hecho en el gobernante, sino en todo el esquema militar y económico que lo respalda.

En términos legales, es común relacionar la soberanía con el pueblo, citando la soberanía popular en las constituciones (democracia, gobierno popular). Así, el pueblo concentraría la soberanía y la ejercería a través de sus instituciones. Sin embargo, solo un examen caso por caso puede confirmar si el escrito refleja la realidad.

Para perseguir los intereses del Estado e incluso garantizar la existencia de la Nación, que a veces se ve amenazada en sus elementos constitutivos, el Estado hace uso de los instrumentos necesarios. Por lo tanto, cuando un pueblo (o parte de él) es atacado sistemáticamente, un territorio está siendo invadido o las instituciones que ejercen la soberanía se están desmoronando, el Estado puede usar los medios necesarios para mantenerse como tal, lo que incluye el uso de la violencia de varias maneras.

3.2. ESTADO Y VIOLENCIA

El Estado busca y defiende el interés público. Sin embargo, no es fácil encontrar un interés público, ya que generalmente incluye el interés de las clases dominantes, aunque indirectamente. El interés de toda la comunidad es muy difícil de descubrir, y aún más de lograr. Sin embargo, el Estado representa nominalmente el interés público, el bienestar de la sociedad, un hecho que se refleja en el orden legal. Esto, a su vez, rige el comportamiento del ciudadano, del Estado mismo y de las relaciones entre el Estado y el ciudadano (discurso de Max Weber en la Universidad de Munich en 1918, publicado en The Politics by Vocation, el año siguiente) (DE SOUZA, 2010, p. 73). En el llamado "Estado de Derecho", la ley (en un sentido amplio, en el sentido de un orden legal) subordina a las personas, el gobierno y las instituciones, incluso imponiendo principios inalterables. Por lo tanto, el cambio de la ley ocurre solo bajo el imperio de la ley, porque el orden legal establece las reglas para efectuar cambios en sí mismo.

Solo hay un orden legal, uno vinculado al Estado mismo. No es concebible que el Estado reconozca el orden legal de otra persona, porque al hacerlo estaría incorporando este orden en el suyo, transformándolo en una parte de sí mismo, ya que solo el Estado tiene soberanía. A nivel estatal, el orden legal se extiende a todo y a todos, incluidos los ciudadanos extranjeros en su territorio o jurisdicción.

De ello se deduce que el Estado tiene el monopolio de las normas legales. La regla puede no ser obedecida, pero esa desobediencia no debe ser tolerada. Si no, no tiene sentido la existencia de la norma. Se concluye que el Estado ejerce la coerción sobre todo el orden legal, incluso por medios violentos. Por lo tanto, el Estado tiene el monopolio de la violencia (KELSEN, 2005, p. 412). Incluso si el vecino comete una violación flagrante de la norma legal, el ciudadano no puede condenarlo ni encarcelarlo, solo el Estado (excepto aquellas causas que eximen de la responsabilidad criminal, que no obligan al ciudadano, solo le otorgan el derecho a actuar). En nombre del interés público, solo el Estado puede conducir conflictos armados, represión de crímenes, usar la violencia legalmente, la coerción.

En una sociedad estatal, el poder político coordina y limita las funciones estatales, manteniendo la posibilidad de vida para diferentes grupos sociales bajo la misma regla. El poder es la esencia de cada gobierno, en paralelo al uso de la violencia. El poder político se caracteriza por la atribución de la posibilidad del uso de la fuerza física exclusivamente al Estado, facultad que, por lo tanto, está prohibida al ciudadano (a excepción de los casos de exención de la responsabilidad criminal, como la defensa legítima, el ejercicio regular del derecho, entre otros, como un esfuerzo necesario contra la amenaza de la posesión ilegal de bienes inmuebles). Dicho esto, está claro que el poder político debe descansar únicamente en el Estado, que, en beneficio de la sociedad, recurrirá a la fuerza física solo dentro de los límites que él mismo admitió cuando otorgó el poder político (VEGA, 2020).

Esta violencia en general no se ejerce realmente (llamada violencia estructural), pero el individuo contemporáneo está tan acostumbrado a estructurar su vida por el orden legal que no percibe esta forma de violencia (cuando la violencia proviene de costumbres o reglas morales, se llama violencia cultural). Incluso si el ciudadano se somete a la norma universal, según la cual "todo lo que no está prohibido está permitido", el individuo está bajo presión permanente para que no cometa un acto prohibido, incluso si no tiene conocimiento de la ley. Dentro de los actos ilícitos conocidos, la presión del Estado en aplicar la sanción aplicable a quienes violan la regla es notable. En términos generales, la violación de la regla implica castigo, medidas coercitivas contra el infractor, que pueden ir desde una advertencia hasta la pena de muerte. Solo el orden legal, el Estado, puede obligar a una persona u organización a hacer o dejar de hacer algo.

Ciertamente, este monopolio de la violencia es desafiado en todo momento, tanto por individuos como por organizaciones. La situación es crónica en Brasil, porque los grupos o facciones que no reconocen la legitimidad del Estado no se sienten obligados a respetar la ley y el monopolio de la violencia (sin embargo, las revoluciones que logran derrocar al gobierno de un Estado se imponen rápidamente su propio orden legal y restablecen el monopolio de la violencia). Aunque es esencial que la ley se aplique por igual a todos, esto no siempre sucede, es decir, las contradicciones entre la predicción legal y la realidad (entre lo abstracto y lo concreto) son muy divergentes, lo que disminuye la obediencia de los ciudadanos, la legitimidad del Estado y el consiguiente monopolio de la violencia.

4. DERECHO INTERNACIONAL HUMANITÁRIO Y DERECHOS HUMANOS

El marco legal internacional apropiado para el uso de la fuerza armada, especialmente el derecho internacional humanitario, necesita un estudio cuidadoso con el objetivo de comprender los desafíos modernos que el terrorismo impone.

Cada civilización creó "células de la humanidad", formando un conjunto de reglas para limitar el uso de la violencia y también alentar la solidaridad para las víctimas de un conflicto. Estas reglas a menudo se aplicaban solo a los mismos miembros del grupo o civilización. Por ejemplo, Platón escribió que ciertas limitaciones deberían observarse en las guerras entre ciudades griegas, pero estos límites no eran aplicables a la lucha contra los persas (VEUTHEY, 2010).

Estas reglas buscaban garantizar la supervivencia de la población. Los guerreros no deberían atacar a mujeres y niños, destruir plantaciones o árboles, envenenar fuentes de agua o destruir sitios y edificios sagrados porque estas acciones podrían poner en peligro la supervivencia de la población.

La definición más simple y más común de DIH es la "Regla de Oro" definida como "No hacer a otros lo que no quieres que te hagan a ti". Esta demanda de reciprocidad para limitar el uso de la fuerza y la solidaridad relacionada con la acción humanitaria está presente en la mayoría de las tradiciones religiosas, como el hinduismo, el confucianismo, el sintoísmo, el budismo, el taoísmo, el zoroastrismo, el Judaísmo, el Cristianismo y Islam.

En los países asiáticos, el budismo, el hinduismo y el taoísmo, el confucianismo y el sintoísmo, enumeran los principios de la humanidad para tratar al enemigo durante un conflicto armado. Ejemplo: el Bushido japonés (*Bushi* = Samurai y *Do* = Camino).

El budismo tiene dos principios fundamentales: *maitri* (benevolencia) y karuna (*misericordia, compasión*), muy cerca del significado de humanidad (MILLET-DEVALLE, 2010).

El hinduismo tiene reglas sobre el trato humano de los enemigos derrotados, así como la lealtad en el combate y el uso de armas que causan lesiones superfluas. Las Leyes de Manou (un código de leyes con normas morales y religiosas) prescribe que un guerrero nunca debe usar armas traicioneras contra sus enemigos como palos, flechas envenenadas o cuero quemado (*idem, ibidem*).

Las Leyes de Manou también prohíben atacar a un enemigo: a pie (cuando el atacante está en un vehículo), que actúa de manera femenina, que une manos, suplicando piedad, sin cuero cabelludo, sentado o durmiendo, o que no lleva armadura, completamente desnudo, desarmado, viendo el combate o atacando a otro enemigo, o cuya arma está rota, o tirada en el suelo, o gravemente herida, o es un cobarde o cuando está huyendo.

Dos libros sagrados de la India, *Ramayana* y *Mahabharata*, prohíben el uso de armas de destrucción masiva, que no permiten la distinción entre combatientes y no combatientes. En *Mahabharata*, "Arjuna (un personaje religioso indiano), sometiéndose a las leyes de la guerra, se abstuvo de usar el *pasupathastra*, un arma híper destructiva, porque el combate solo requería armas clásicas ordinarias, por lo tanto, el uso de armas extraordinarias o no clásicas no solo sería contrario a la religión o las conocidas leyes de la guerra, sino también inmoral" (apud BALMOND, 2010).

El juez Weeramantry de la Corte Internacional de Justicia (CIJ) usó este pasaje como argumento en su opinión disidente sobre el Aviso Consultivo de la CIJ sobre la legalidad de la amenaza o el uso de armas nucleares, argumentando que la Corte debería en general garantizar la representación de las diferentes formas de civilización y los principales sistemas jurídicos del mundo.

El juez también citó un pasaje en Deuteronomio (quinto libro del Pentateuco, Antiguo Testamento) que prohíbe la tala de árboles frutales (Deuteronomio 20, 19 "Cuando asedias una ciudad durante muchos días, luchando contra ella para tomarla, no destruirás su arboleda, poniendo el hacha en ella, porque puedes comer de ella; entonces no lo cortarás; ¿Es el árbol del campo un hombre, para que puedas ser asediado por ti?"), los hábitos tribales africanos, la prohibición del arma llamada ballesta por el Consejo de Letrán en 1139, así como la doctrina muy detallada de Sto. Tomás de Aquino sobre, entre otros asuntos, la protección de los no combatientes.

El cristianismo occidental trató de crear límites a través de las tradiciones de la caballería y proclamó, en los siglos X y XI, la *Treuga Dei* (tregua de Dios) y la *Pax Dei* (paz de Dios), una iniciativa de la Iglesia. Según estas proclamas, todas las hostilidades estaban prohibidas en ciertos períodos del calendario litúrgico (desde el primer domingo de Adviento hasta la Epifanía, desde el Miércoles de Ceniza hasta la Ascensión) y en ciertos días de la semana (miércoles por la tarde hasta el domingo por la mañana, en memoria de la Pasión y Resurrección de Jesucristo).

Los primeros defensores del derecho internacional humanitario, no por casualidad, fueron religiosos, quienes reconocieron la dignidad inherente de cada ser humano, creado a imagen de Dios, como Santo Tomás de Aquino (1225-1274), el dominicano Francisco de Vitoria (1483- 1546), Baltazar Ayala (1548-1584), el jesuita Francisco Suárez (1548-1617) y el protestante suizo Emmerich de Vattel (1714-1767).

La teoría de la guerra justa fue perfeccionada por Sto. Tomás de Aquino y tuvo acogida en múltiples ordenamientos medievales europeos. Veamos, por ejemplo, algunos fragmentos de las Partidas de Alfonso X El Sabio, rey de Castilla 10:

- «La guerra causa destrucción, y separación y enemistad entre los hombres, pero cuando se hace debidamente trae después la paz»;

- «Hay cuatro clases de guerra: la primera, llamada iusta en latín (...) la segunda forma es denominada iniusta, que es una guerra con orgullo y sin derecho (...)»;

- «Hacer la guerra es cosa que ha de ser bien meditada (...) para hacerla con razón y derecho. Y esta guerra debe hacerse contra los enemigos de dentro del reino (...) [o] contra los enemigos fuera del reino»;

- «La guerra y la paz han de hacerse por orden del emperador»;

- «Tirano es el señor cruel que ha capturado un reino o territorio por la fuerza, la maquinación o la traición» (MATAMOROS, p. 9).

Pero la elaboración conceptual más acabada se debe al Padre Vitoria y la Escuela de Salamanca em el siglo XVI. Los requisitos para que una guerra pudiera considerarse justa consistían, em síntesis en que:

a. Fuera declarada y ejecutada por una autoridad legítima, sin oposición del pueblo;

b. Por una causa buena y justa, como la legítima defensa, la actuación preventiva contra un tirano que estuviera a punto de atacar, o el castigo de un enemigo culpable;

c. Con una posibilidad razonable de éxito;

d. Para lograr la paz (recta intención);

e. Cuando fuera necesario evitar un mal superior a los daños causados por la guerra, y

f. Como último recurso, tras haber fracasado el diálogo y la negociación (*idem*, *ibidem*).

La codificación del Derecho de los Conflictos Armados fue una iniciativa del zar Alejandro II, de Rusia, donde representantes de 15 estados europeos participaron en una conferencia en Bruselas el 27 de julio de 1874, para estudiar el diseño de un acuerdo internacional sobre leyes y costumbres de la guerra. El texto inicial fue adoptado con algunos cambios. Sin embargo, muchos estados no querían aceptar un acuerdo obligatorio, por lo que el texto no ha sido ratificado. De todos modos, este fue un primer paso importante para codificar las Leyes de Guerra (VEUTHEY, 2011).

El Instituto de Derecho Internacional, durante una conferencia en Ginebra, nombró un comité para examinar la Declaración de Bruselas y presentar su opinión y propuestas complementarias al Instituto. Los esfuerzos del Instituto llevaron a la adopción, en 1880, del Manual de Oxford sobre el Derecho de los Conflictos Armados en Tierra. La Declaración de Bruselas y el Manual de Oxford fueron la base de los dos Convenios de La Haya, sobre conflictos armados terrestres y disposiciones relacionadas, adoptados en 1899 y 1907.

Durante siglos, las naciones comenzaron a creer que la ley debe prevalecer en la esfera del conflicto, para evitar sus efectos más desastrosos. El desarrollo de nuevas formas de comunicación, armas de destrucción masiva y armas cada vez más sofisticadas condujo a una conciencia mundial de las características inhumanas y sangrientas de los conflictos contemporáneos.

Esta conciencia tuvo una notable evolución en el siglo XIX, con la práctica de coaliciones, capitulaciones y convenciones de armisticio. Estos desarrollos, destinados a humanizar el tratamiento de las víctimas de los conflictos, nacieron de las normas consuetudinarias, revelando el desarrollo de una ética combativa.

Se inició un proceso válido de construcción de estándares legales internacionales durante la segunda mitad del siglo XIX, con los esfuerzos de Henri Dunant en Europa, que presenció la cruel Batalla de Solferino, y luego idealizó la Primera Convención de Ginebra, en 1864, y Francisco Lieber, quien escribió el primer código promulgado sobre el tema, por el gobierno de los Estados Unidos de América durante la Guerra Civil.

Durante el siglo XX, esta evolución tuvo lugar con los Convenios de Ginebra en 1906 y los Convenios de La Haya en 1899 y 1907. Al codificar una norma jurídica que formaba parte del derecho internacional consuetudinario, estos Convenios mostraron el comienzo de un derecho humanitario a proteger las víctimas, y una ley sobre la guerra, para limitar las acciones del combatiente.

El derecho internacional humanitario y el derecho de la guerra han evolucionado y ganado cierta eficacia, pero la Primera Guerra Mundial mostró, por primera vez, la característica incompleta de estas normas y las dificultades en su implementación por parte de los Estados. Los nuevos instrumentos convencionales han intentado llenar los vacíos en un marco legal que no está suficientemente protegido. La Segunda Guerra Mundial, por su parte, mostró la necesidad de un conjunto completo de reglas que garanticen la protección de las víctimas de la guerra de manera más eficiente. Esta fue la contribución de los Cuatro Convenios de Ginebra del 12 de agosto de 1949, que ahora constituyen la base del Derecho Humanitario. Estas convenciones se destacaron en los juicios de Nuremberg y Tokio, donde, por primera vez, los acusados de crímenes de guerra fueron condenados.

Durante la segunda mitad del siglo XX hubo un aumento en el campo de aplicabilidad del DICA, dentro de una comunidad internacional en la que su capacidad para funcionar se basa en la Carta de las Naciones Unidas. El DICA contiene aspectos de la protección de los bienes culturales, el medio ambiente natural, la participación de niños en conflictos armados, la prohibición de ciertas armas, consideradas inhumanas o que causan sufrimiento excesivo.

Paralelamente, la apariencia del conflicto armado se ha modificado en gran medida. Los conflictos internos trajeron nuevos actores no estatales (como las organizaciones terroristas), creando múltiples repercusiones internacionales y, al mismo tiempo, las operaciones de mantenimiento de la paz y de cumplimiento de la paz fueron aún más comunes después del final de la Guerra Fría.

El Derecho Internacional de los Conflictos Armados es una rama específica del derecho internacional público y tiene tres áreas diferentes.

La Ley de la Guerra, también conocida como "La Ley de La Haya", reagrupa el conjunto normativo de los Convenios de La Haya, de los cuales los más conocidos son los promulgados el 18 de octubre de 1907; uno se ocupa de las leyes y costumbres del conflicto armado por tierra, y el otro sobre el conflicto armado naval. Estos textos fueron creados para proteger al combatiente de los efectos más horribles de la guerra, y definen algunas reglas aplicables al combate, como la prohibición de la perfidia o declarar que no habrá prisioneros (no dar cuarteles). Las normas derivadas de ellos buscan proteger algunos derechos que también están amenazados, como la Convención de La Haya de 14 de mayo de 1954, relativa a la protección de los bienes culturales.

El Derecho Internacional Humanitario comprende el conjunto creado por los Convenios de Ginebra del 12 de agosto de 1949 sobre los enfermos y heridos (primero), náufragos (segundo), prisioneros de guerra (tercero) y la población civil (cuarto). Estas cuatro convenciones buscan proteger a las víctimas de la guerra, en otras palabras, a los combatientes en hors de combat y a la población civil que sufre los terribles efectos de los conflictos. Desde principios del siglo XX, la proporción de víctimas civiles en la guerra es mucho mayor que la de las víctimas militares.

En la división entre el Derecho de la Guerra y el Derecho Humanitario hay una ley combinada, que incluye elementos de ambas ramas. Estos son los dos Protocolos adicionales a los Convenios de Ginebra, adoptados el 8 de junio de 1977 en Ginebra.

La Ley de Control de Armamentos reúne convenios internacionales que prohíben, limitan o regulan el uso de ciertas armas o municiones. Prohíbe las armas químicas y biológicas, las minas antipersonal, los proyectiles de punta hueca (munición "dum dum"), las armas con proyectiles no detectables por rayos X, los láseres cegadores, entre otros. El uso de armas incendiarias, a su vez, está regulado y limitado al ataque exclusivo de objetivos militares fuera de la concentración civil. Del mismo modo, el uso de minas que no son antipersonales todavía está permitido, pero solo si se toman todas las precauciones para proteger a los civiles de sus efectos, incluso después del conflicto.

La Ley de Control de Armas complementa los instrumentos internacionales relativos al desarme, como el Tratado sobre la no proliferación de las armas nucleares, el Tratado de las Fuerzas Convencionales en Europa – FCE (*Forces Conventionnelles en Europe*) o el Tratado de Reducción de Armas Estratégicas – START (*Strategic Arms Reduction Treaty*) y el Diálogo de Limitaciones de Armas Estratégicas – SALT (*Strategic Arms Limitations Talks*). Estos instrumentos son paralelos al Control de Armamentos, ya que ambos buscan una reducción progresiva de ciertas armas, hasta su desaparición total, ya que el tema del Control de Armamentos es más que la prohibición de ciertas armas.

Es durante un conflicto armado que el poder soberano de un estado a menudo manifiesta su fuerza. En este sentido, algunos estados no dudan en privilegiar la eficiencia militar sobre las normas legales. Por lo contrario, el respeto al Derecho de los Conflictos armados permite llevar a cabo operaciones militares, lo que limita los efectos inhumanos de la guerra. Esta es una condición esencial para evitar la ocurrencia de un círculo vicioso de barbarie.

El marco del Derecho de los Conflictos Armados, aunque imperfecto, constituye una valiosa protección para las Fuerzas Armadas y también para la población civil. Permite la solución, o un intento de resolver, situaciones difíciles, complejas o ambiguas que caracterizan todos los conflictos armados. Definen la acción de las Fuerzas Armadas, contribuyendo a la imagen del país en caso de una intervención externa.

El Derecho de los Conflictos Armados es aplicable a todos los conflictos armados. Puede ser internacional, cuando ocurre entre dos estados soberanos, o no internacional, cuyo ejemplo más frecuente es la guerra civil. Los conflictos armados no internacionales deben distinguirse de situaciones de tensión interna, insurrecciones y otros actos de violencia similares, que no se consideran conflictos.

Esta distinción es importante porque deriva del sistema legal aplicable a cada circunstancia. Por lo tanto, con respecto al derecho internacional humanitario, un conflicto armado no internacional está regulado por el Protocolo adicional II de los Convenios de Ginebra. Por otro lado, en un conflicto internacional, las partes beligerantes deben someterse a los cuatro Convenios de Ginebra y al Protocolo adicional I. Las reglas aplicables a los conflictos armados internacionales son más amplias y protectoras que en los conflictos armados no internacionales.

El núcleo de los derechos humanos fundamentales es aplicable a cada situación, incluso fuera de un conflicto, e independientemente de sus características, ya sean internacionales o no. Es el artículo 3 común a los Convenios de Ginebra que define las reglas básicas para la protección de los seres humanos, y también el marco legal de los Derechos Humanos, que enumera tres principios importantes:

- **Inviolabilidad**: que garantiza a todas las personas y combatientes el derecho al respeto de su vida y su integridad física y moral;

- **No discriminación**: para que todos sean tratados independientemente de su raza, género, nacionalidad, opinión política o religión (este principio de derechos humanos es diferente del principio de discriminación, específico del derecho internacional humanitario, explicado a continuación);

- **Certeza**: para que el individuo no sea responsable de algo que no cometió, a través de las garantías judiciales necesarias y la prohibición de represalias, castigos colectivos, toma de rehenes y deportaciones.

Las normas del derecho internacional humanitario tienen como objetivo proteger a los combatientes en un conflicto armado, pero también a los enfermos, heridos, náufragos, personal religioso y de salud, prisioneros de guerra, corresponsales de guerra, diplomáticos, organizaciones humanitarias y agentes de defensa civil, refugiados y, en su conjunto, la población civil afectada por una situación de conflicto armado, especialmente mujeres y niños.

Los principios fundamentales del Derecho Internacional Humanitario son:

- **Humanidad**, que se basa en el deseo de evitar, a través de todas las medidas posibles, el daño superfluo y el sufrimiento causado por el uso de la fuerza. En este sentido, la elección de medios y métodos de combate no es ilimitada, pero debe respetar las reglas de DICA que limitan los efectos nocivos del uso de la violencia. La Cláusula de Martens (Esta Cláusula fue creada por el jurista estoniano Friedrich de Martens, e haz parte de diversas convenciones internacionales) establece que: "La población civil y el combatiente permanecen bajo la protección del *Droit des Gens* (*Jus gentium*, Derecho de las Gentes, o Derecho Internacional), las reglas resultantes de las costumbres establecidas, los principios de la humanidad y las obligaciones de la conciencia pública". El respeto a el Derecho de los Conflictos Armados sigue una lógica de la humanidad. Cada batalla ganada sin respetar la dignidad humana es, tarde o temprano, una batalla perdida;

- **Discriminación**, también conocida como el Principio de Precaución, impone a los combatientes la obligación de distinguir los objetivos militares, que pueden ser atacados, de la población y los bienes civiles, que no deberían ser el objetivo de ningún ataque voluntario. Una de las mayores dificultades para implementar este principio es encontrar una forma práctica de distinguir entre objetivos militares y bienes civiles. El Art. 52 del Protocolo Adicional I a los Convenios de Ginebra aclara: "en lo que respecta a las propiedades, los objetivos militares se limitan a aquellos que, por su naturaleza, ubicación, destino o uso, demuestran una contribución militar efectiva a la acción militar, y su destrucción, captura o neutralización parcial o total aporta una ventaja militar completa";

- **Proporcionalidad**, que requiere abstenerse de un ataque que pueda causar la pérdida incidental de vidas humanas en la población civil, lesiones a la población civil, daños a la propiedad civil o un conjunto de pérdidas y daños considerados excesivos en comparación con la ventaja militar concreto que se espera directamente. La implementación de este principio se basa en la coincidencia entre los medios empleados y el resultado militar deseado. La implementación del Principio de Proporcionalidad no excluye los daños colaterales que pueden afectar a la población o la propiedad civil, a menos que sean exagerados en comparación con la ventaja militar concreta que se espera directamente. Tampoco excluye que algunos objetivos, que se benefician de una protección especial de una convención internacional, se conviertan en objetivos militares, si esta convención menciona explícitamente la capacidad del atacante para argumentar que existe una necesidad militar de infligir el ataque.

Respetar al DICA es una garantía de efectividad en el cumplimiento de la misión. Mejora el comportamiento del combatiente, vigorizando el sentimiento de disciplina. También facilita la gestión y la conclusión de una crisis, y el retorno a la paz en un momento en que todos estos temas son primordiales en cualquier intervención externa.

En el equilibrio entre el Principio de la Humanidad y las Necesidades Militares, DICA está en el acimut del Principio de la Economía de Fuerzas y Medios.

Para ser eficiente, el DICA debe ser respetada por la gran mayoría de los Estados, si no todos. Debe encontrar la universalidad, para que todos puedan aceptarla. También debe estar rodeado de medidas de confianza, supervisión, control y sanción.

Del mismo modo que las obligaciones nacidas de la moral individual y colectiva se implementan voluntariamente, y no se imponen al azar, las obligaciones nacidas de la Ley reúnen a la población de un Estado que está tratando de respetarlas, y puede estar sujeto, si lo hay base legal, a sanciones disciplinarias y legales.

Los combatientes deben respetar las reglas de DICA en cualquier circunstancia. No es aceptable en ningún caso que la desviación de la conducta se aleje de ellos, independientemente del contexto o la misión, incluso si el oponente no los respeta.

El Comandante tiene una responsabilidad integral en este asunto, y debe asegurarse de que los miembros de las Fuerzas Armadas estén al tanto del asunto e implementen las obligaciones derivadas de él. Es la persona responsable de la instrucción y capacitación de DICA.

Es un error por parte del Comandante creer que se puede ignorar a DICA en caso de que disminuya la eficiencia militar. No existe tal hipótesis, y la razón es simple: al respetar a DICA, las tropas se vuelven aún más eficientes, porque:

- Los disparos que alcanzan objetivos no militares generan una pérdida de medios y tiempo en el campo de batalla, y la desmoralización de las tropas;

- El apoyo de la población civil es esencial para la solución de cualquier conflicto asimétrico, restaurando la paz a largo plazo;

- El respeto por el medio ambiente natural ayuda en la reconstrucción del país en el posconflicto, facilitando el final del conflicto y la retirada de las tropas en el terreno.

Además de las medidas disciplinarias que pueden imponerse, el incumplimiento de las normas de DICA también puede dar lugar a responsabilidad penal. El acusado puede ser procesado por delitos en tribunales federales o militares, o en tribunales penales internacionales, según la gravedad y el alcance de los hechos.

En conclusión, el soldado que quiere entender y usar el Derecho de los Conflictos Armados (DICA) durante su misión debe seguir tres procesos básicos:

- **Confianza**, porque las reglas de DICA respaldan toda la doctrina militar y se consideran en todos los niveles de la jerarquía. El desarrollo equilibrado de estas reglas y su implementación son objetivos importantes para los países que respetan sus compromisos internacionales. Además, el comportamiento de alto nivel de los militares puede servir de ejemplo para que otros combatientes aprendan y apliquen las mismas reglas y ejemplos;

- **Realidad**, porque el respeto al Derecho de los Conflictos Armados y Derechos Humanos está dentro de los deseos de las Fuerzas Armadas organizadas y disciplinadas. Aunque algunas reglas pueden parecer complejas o contradictorias, su implementación reside en el respeto de los valores que son importantes para los estados democráticos y que están tratando de proteger. Esta implementación se basa en la honestidad y la buena fe que guían al militar en el cumplimiento de su misión;

- **Perseverancia**, porque el Derecho de los Conflictos Armados no es solo un conocimiento teórico, sino que también debe convertirse en un estado mental que aliente a las instituciones militares y a cada uno de sus miembros, en todo momento. Un compromiso permanente a nivel estratégico significa que, en todos los niveles subordinados, el soldado se da cuenta de que, al conocer y respetar las reglas de los Conflictos Armados, está cumpliendo su misión.

5. TERRORISMO, NUEVAS Y VIEJAS FORMAS

La palabra terror proviene de la palabra latina **terrere**, que significa asustar. La palabra y sus términos relacionados se usaron en contextos muy diferentes: en nombre de un tirano (por ejemplo, Iván el Terrible, el primer zar ruso), períodos caracterizados por una inestabilidad política violenta (por ejemplo, el Reino del Terror durante la Revolución Francesa), y actos esporádicos de violencia conocidos internacionalmente como terrorismo internacional. La violencia no es el aspecto principal, ya que la violencia también se cometió durante la Primera y Segunda Guerra Mundial, y no se consideraron actos de terrorismo en nuestro tiempo. La violencia no es el objetivo, sino el instrumento por el cual una persona puede propagar el miedo (aterrorizar) a la población de un país.

Difundir el miedo puede estar motivado por un propósito criminal o político. De una forma u otra, toda una población puede asustarse sin el uso del terrorismo. Por ejemplo, cuando la causa es una enfermedad, como la gripe aviar de China o el COVID-19, que amenazó a todo el mundo, o la enfermedad de las vacas locas, que asustó incluso a los vegetarianos, y también el mortal virus del Ébola, que causó una epidemia en África Central durante los años 90 y principios del siglo XXI. Algunas personas creen que estas enfermedades no eran del todo naturales, pero estaban muy extendidas, caracterizando un caso de bioterrorismo.

Si una persona supone que la intención de cada terrorista es difundir el miedo ampliamente entre la población, hay una motivación común en los delitos que cometen. Dado que hay un elemento común en el terrorismo, se puede enfrentarlo utilizando estrategias y tácticas defensivas similares. Cualquier acción que se pueda tomar para reducir el miedo y la ansiedad en una población es una herramienta eficaz contra el terrorismo.

5.1. DEFINICIONES DE TERRORISMO

Brian Jenkins define el terrorismo como el uso o la amenaza del uso de la fuerza con fines de cambio político. Del mismo modo, el FBI define el terrorismo como el uso ilegal de la fuerza o la violencia contra personas o propiedades para intimidar o coaccionar a un gobierno, la población civil o una parte de este, con fines sociales y políticos (*Apud* CIETTO, 2020).

El Convenio internacional para la represión de la financiación del terrorismo (Adoptado por la Resolución 54/109 de la Asamblea General de la ONU, de 9 diciembre de 1999) define el terrorismo como "actos delictivos, incluso contra civiles, cometidos con la intención de causar la muerte o daños corporales graves, o tomados como rehenes, con el fin de provocar un estado de terror en el público en general, un grupo de personas o algunas personas en particular, para intimidar a la población u obligar a un gobierno o una organización internacional a hacer o no hacer algo". Encontramos una definición similar en la Resolución del Consejo de Seguridad No. 1566 (2004), adoptada el 8 de octubre de 2004.

En combate convencional, o en guerrilla / combate asimétrico, es posible distinguir entre combatientes y no combatientes. Se puede argumentar que las personas que no participan en el combate también mueren en el conflicto. En este caso, no son el objetivo principal de la acción militar, sino un efecto paralelo del ataque, llamado daño colateral. En combate convencional o guerrillero, el objetivo es destruir las fuerzas enemigas. Los conflictos armados pueden ser de alta o baja intensidad (es decir, si ocupan territorio extranjero o no), como muchos conflictos en todo el mundo, sobre la independencia (antiguas repúblicas soviéticas y antiguas colonias europeas), minorías étnicas (en África y Oceanía) y el narcotráfico (América Latina). Los conflictos armados pueden ser simétricos (entre estados) y asimétricos (entre un estado y grupos o facciones rebeldes).

Sin embargo, atacar a los no combatientes es el corazón del terrorismo internacional. Debido al secreto en el que se lleva a cabo esta actividad, el acto terrorista es llevado a cabo por un pequeño grupo de agentes, que reciben apoyo logístico y financiero de organizaciones fundamentalistas y gobiernos simpatizantes. Se puede sospechar que ciertos grupos apoyan objetivos terroristas aún que ellos mismos no están causando el terror. Se debe hacer una distinción entre grupos que son realmente la amenaza y otros que son explotados o utilizados como cobertura para otros grupos.

El Departamento de Estado de los Estados Unidos describe el terrorismo como un fenómeno en constante cambio, y la naturaleza de la amenaza terrorista ha cambiado dramáticamente. Atribuye este cambio a cinco factores (*Apud* CIETTO, 2020):

1. El colapso de la Unión Soviética (y el final del Pacto de Varsovia);

2. Cambio en la motivación del terrorista;

3. Proliferación de tecnologías de destrucción masiva;

4. Aumento del acceso a la información y la tecnología de la información;

5. Centralización acelerada de componentes esenciales de la infraestructura nacional que han aumentado la vulnerabilidad a un ataque terrorista.

5.2. INTENCIÓN DEL TERRORISMO

El terrorismo es una dramatización por razones políticas (la intención específica del ataque terrorista, o *dolus specialis*, se explica en el próximo capítulo), y hay algunos elementos universales en las actividades terroristas modernas (*Idem, ibidem*):

1. EL USO DE LA VIOLENCIA PARA PERSUADIR, en el que se utilizan explosivos y otros ataques para ganar posiciones con las víctimas objetivo. El término víctimas objetivo se usa porque el objetivo no está en las personas que son asesinadas o heridas. Por el contrario, el ataque puede llevarse a cabo para influir en un gobierno, una coalición

o un grupo de gobiernos, para tomar una decisión o una determinada acción, o también para prevenir o suprimir una determinada acción;

2. OBJETIVOS Y VÍCTIMAS ELEGIDAS POR LA PUBLICIDAD MÁXIMA LOGRABLE, por lo que eligen objetivos que llamen la atención de los medios más completa. Este hecho está particularmente demostrado por ataques terroristas como la explosión en el World Trade Center en la ciudad de Nueva York en 1993 y 2001, y la toma de rehenes con atletas israelíes durante los Juegos Olímpicos de Munich en 1972. Otros ejemplos son los atentados en Madri el marzo de 2004, Londres el julio de 2005 y San Paolo el maio de 2006;

3. LOS ATAQUES NO SON CAUSADOS, es decir, las víctimas u objetivos no hicieron nada contra los terroristas, lo cual es cierto de cualquier acto terrorista, ya que sus presuntas razones son a menudo una historia compleja que los terroristas se dan a sí mismos por encontrar apoyo para sus acciones entre su grupo;

4. LA PUBLICIDAD MÁXIMA CON RIESGO MÍNIMO es el principio rector de muchas acciones terroristas, particularmente aquellas con explosivos. Los ataques explosivos generalmente crean una gran cantidad de publicidad, dependiendo de la ubicación y el período, por lo que los objetivos se seleccionan por lo que representan, como embajadas, atracciones turísticas conocidas en todo el mundo e instalaciones similares. Los temporizadores de alta tecnología permiten que se planifique la detonación a largo plazo, lo que reduce el riesgo para el terrorista o los terroristas, que pueden desaparecer cuando el dispositivo explota o se encuentra. Otras actividades terroristas favoritas son los secuestros, robos y asesinatos, que pueden generar una gran y prolongada publicidad, pero también un mayor riesgo para el agente. Existe una tendencia al cambio cíclico en los ataques terroristas. Después de una serie de secuestros, la población puede volverse insensible a los actos, y la próxima toma de rehenes puede no recibir la misma atención de los medios de comunicación, de las noticias de televisión o Internet. Los ataques explosivos, que son menos frecuentes

durante el mismo período, también pueden ganar más publicidad que otro secuestro. Por lo tanto, un cambio en las tácticas puede traer más propaganda que otras formas de ataque. Los terroristas siempre quieren cobertura mediática, por lo que cambiarán de táctica para obtener la mayor publicidad posible.

5. USO DE LA SORPRESA PARA EVITAR MEDIDAS CONTRATERRORISTAS para atacar objetivos altamente protegidos. Incluso cuando hay guardias, dispositivos de detección y una gran seguridad en las cercanías, el factor sorpresa puede usarse para burlar el equipo y el elemento humano en el sistema de seguridad. El tiempo es el mejor amigo del terrorista. Después de mucho tiempo sin ningún evento terrorista, los objetivos bien protegidos pueden experimentar una disminución en sus medidas de seguridad. Cuando no hay planes para un ataque suicida, el terrorista permanecerá en el banquillo hasta que la seguridad del objetivo sea más favorable.

6. AMENAZAS, MOLESTIAS Y VIOLENCIA son herramientas utilizadas por los terroristas para mantener un ambiente de miedo. Los terroristas pueden plantar pequeños explosivos o dispositivos incendiarios en lugares públicos, como grandes almacenes y cines. Recientemente, los terroristas que lucharon contra el gobierno egipcio atacaron a los turistas en las pirámides y otros sitios históricos. Para la población, no existe una conexión o similaridad razonable entre la motivación y la ubicación de los ataques, por lo que cualquier amenaza de dicha actividad puede generar temor en la población.

7. INDIFERENCIA DE LAS MUJERES Y LOS NIÑOS COMO VÍCTIMAS, porque a veces los lugares se eligen especialmente para hacer víctimas inocentes, con el objetivo de aumentar la indignación y el miedo a la agresividad del acto terrorista. Esta es otra forma de recibir más publicidad y cobertura mediática debido al sufrimiento y la muerte de los no combatientes. Esta peculiaridad diferencia al terrorista del soldado o la guerrilla. El soldado lucha bajo la autoridad de su gobierno. La guerrilla lucha en el

mismo combate que el soldado en tácticas y código de conducta, por lo que las mujeres y los niños no son objetivos deseados. Un terrorista probablemente puede atacar a mujeres y niños como objetivos, para incitar una mayor sensación de miedo. Por lo tanto, la limpieza étnica mostrada en Bosnia y Kosovo en varias clases de la población en la ex Yugoslavia no fue solo una operación militar, sino el terrorismo practicado por la milicia (la naturaleza legal del acto terrorista se explica en detalle en el próximo Capítulo).

8. LA PUBLICIDAD SE UTILIZA PARA MAXIMIZAR EL EFECTO DE LA VIOLENCIA, principalmente por razones económicas y políticas. Sería un desperdicio para la causa terrorista si la operación terrorista no tuviera publicación. En este sentido, el Septiembre Negro, durante los Juegos Olímpicos en Munich, en 1972, y todos los grupos que imitaron esa toma de rehenes, proclamándose responsables de ataques en circunstancias similares, quieren publicidad mundial debido a fines políticos y económicos. Desde un punto de vista político, el grupo terrorista quiere demostrar que es una organización a largo plazo, un poder para ser respetado y una fuerza para ser temida. En el campo económico, el grupo muestra a los gobiernos favorables a su causa y a los gobiernos que apoyan a los grupos terroristas que es lo suficientemente bueno para recibir apoyo financiero. Incluso cuando los terroristas no asumen responsabilidad pública por sus acciones, muchos actos tienen una forma o formato particular que los caracteriza, o dejan pistas que los conducen.

9. LA LEALTAD A ELLOS MISMOS Y A SIMPATIZANTES es una característica de los grupos terroristas que se pueden encontrar entre armenios, croatas, kurdos, vascos y muchos otros. Entre ellos, la lealtad es tan intensa que cometen actos criminales impensables por esta lealtad, algo que los elementos radicales de un movimiento pacífica nunca harían. Sin embargo, en su mayor parte, las nuevas generaciones de terroristas ya no tienen la misma gran lealtad a la causa original, el orgullo de defenderla y la visión limitada del objetivo principal.

Muchos se involucran en el terrorismo para lograr beneficios y la perpetuación de su actividad criminal como un objetivo principal. En conclusión, se convierten en nihilistas y se interesan principalmente en el retorno financiero de la actividad.

El terrorismo durante los años sesenta y setenta fue puesto en práctica, en su mayor parte, por individuos universitarios y activistas políticos con muchos años de estudio formal. Hoy en día, los niños soldados practican muchos conflictos de baja intensidad, muchos de los cuales aún no han llegado a la pubertad, y se han vuelto insensibles a la violencia y las emociones humanas.

6. QUE TIPO DE CRIMEN ES EL TERRORISMO?

A partir de la breve exposición del concepto de terrorismo en el capítulo anterior, es posible definir en términos legales qué tipo de delito es esta conducta ilegal, y los tribunales competentes para procesar a los terroristas. Un mecanismo claro y seguro para reprimir el crimen es esencial para prevenir un acto ilegal, y desde este punto de vista, el terror no es diferente de otros crímenes.

En resumen, el terrorismo es el uso ilegal, o la amenaza ilegal de uso, de la fuerza o violencia contra personas o bienes, con la intención de coaccionar o intimidar a gobiernos o sociedades para lograr objetivos políticos, religiosos o ideológicos.

El Derecho Internacional Humanitario prohíbe el terrorismo y nunca puede utilizarse como método de combate. El artículo 51, § 2, del Protocolo adicional I a los Convenios de Ginebra establece que, en cualquier circunstancia, está prohibido cometer o amenazar con cometer violencia cuyo objetivo principal es difundir el terror entre la población civil.

Aunque el Derecho de los Conflictos Armados no especifica su definición, un acto terrorista, que está estrictamente prohibido, es diferente de las acciones llevadas a cabo por las Fuerzas Armadas regulares o grupos guerrilleros que trabajan bajo una organización jerárquica, portan armas ostensiblemente durante las actividades operacionales y usan un medio para se distinguir de la población civil.

En Brasil, como en muchos países del mundo, el terror está previsto en la Constitución Federal de 1988, su práctica es repudiada (Art. 4, VIII), se considera inafianzable y no se le permite la amnistía o la gracia (Art. 5, XLIII). Sin embargo, en muchos países no existe una definición legal de terrorismo como delito, ni hay una descripción de conducta criminal y castigo por el delito entendido como terrorismo. Esta ausencia se explica por dos razones.

La primera razón es que un acto de terrorismo también está previsto en otras definiciones criminales, como homicidio, secuestro y explosión. Pero el animus (dolus o intención criminal) del agente terrorista es muy diferente del criminal común, cuando ofende la integridad física, la libertad y la seguridad del individuo. El fin del terrorista es otro, y esto lleva a la segunda razón.

La intención del terrorista es ofender a la Nación o Estado, su integridad política o territorial como una Nación Soberana. Por lo tanto, el terrorismo se comete contra una entidad legal regida por el derecho internacional público, y la conducta debe considerarse un delito en el derecho internacional, ya que ofende los activos legales protegidos por esta rama del derecho.

El principal problema que el Contrato Social de Rousseau busca resolver es "encontrar una forma de asociación que defienda y proteja con todas sus fuerzas comunes a las personas y los activos de cada miembro, y en el que cada uno, unido a todos, solo pueda obedecer usted mismo, y permanezca tan libre como antes" (ROUSSEAU, 2010).

El terror le quita al ciudadano la defensa y protección garantizada por el Contrato Social. Por lo tanto, además de los crímenes contra la humanidad, los crímenes de guerra, el genocidio, la agresión, la piratería y la esclavitud, el terrorismo debe ser castigado por un juez o tribunal que utilice la competencia universal, en lugar de los criterios territoriales, materiales u otros de jurisdicción, porque es un crimen contra la soberanía de una nación, y debe ser castigado en todo el mundo, incluso si se comete en países que no tienen leyes específicas contra él, o en lugares donde no existe un Estado soberano para crear leyes nacionales, como en el espacio aéreo marítimo e internacional (se proporciona una explicación más detallada de la jurisdicción internacional en el próximo Capítulo).

Los siguientes ejemplos corroboran que el terrorismo es un delito según el derecho internacional.

Un conflicto interestatal en el que una guerrilla, una facción rebelde o cualquier tipo de grupo organizado, se camufla dentro de la población y no reclama el territorio o parte del territorio de la nación, es un conflicto no internacional, asimétrico y de baja intensidad, cuando alcanza un nivel de operacionalidad superior a la mera insurgencia. Esta explicación corresponde a la breve definición de terrorismo previamente expuesta.

Una "guerra contra el terror" es más retórica que práctica, como la "guerra contra el hambre", la "guerra contra las drogas" o la "guerra contra el crimen", porque para tener una guerra, debe haber al menos dos partes beligerantes o en conflicto. Además, declarar la guerra ya no es un instrumento legal en las relaciones internacionales (Artículo 2, § 4, de la Carta de las Naciones Unidas).

Sin embargo, un gobierno puede usar su derecho de legítima defensa, preventivo o real, estipulado en el Artículo 51 de la Carta de la ONU, contra las amenazas a su integridad territorial o soberanía, cuando sea cometido por facciones rebeldes (Hezbolah en el Líbano, Hamas en relación con Israel), guerrilleros (Sendero Luminoso en Perú) y organizaciones o grupos criminales (Fuerzas Armadas Revolucionarias de Colombia y Al Qaeda).

Estas entidades cometen delitos contra la integridad de las personas jurídicas en virtud del derecho internacional público (Estados) o su población (un elemento esencial para una Nación), por lo que pueden ser juzgados por tribunales penales internacionales. En conclusión, los actos terroristas contra Estados o Naciones se consideran delitos bajo el derecho internacional.

El Estatuto de Roma (que creó la Corte Penal Internacional, firmado el 17 de julio de 1998) define Crímenes contra la Humanidad (Artículo 7 del Estatuto de Roma) cualquier de los actos siguientes, cuando se lleva a cabo mediante un ataque, generalizado o sistemático, contra cualquier población civil, con la intención específica (dolus specialis) de cometerlos (algunas definiciones no están directamente relacionadas con el terrorismo y se han omitido):

(a) asesinato;

(b) exterminio;

(d) deportación o transferencia forzada de población;

(h) persecución contra cualquier grupo identificable;

(i) desaparición forzada de personas;

(k) otros actos inhumanos de carácter similar que causan gran sufrimiento o lesiones graves al cuerpo o a la salud mental o física.

Los crímenes contra la humanidad, tal como se definen en el Estatuto de Roma, son una definición amplia que abarca muchos crímenes bajo el derecho internacional, excepto aquellos que no están específicamente enumerados o mencionados. El genocidio, por ejemplo, se consideraría un crimen de lesa humanidad, pero tiene una definición criminal específica, para distinguirlo del término general "Delitos contra la humanidad".

Asimismo, los actos de terrorismo generalizados y sistemáticos son crímenes incluidos en la definición amplia de "Crímenes contra la Humanidad", de acuerdo con la definición proporcionada anteriormente. Sin embargo, el terrorismo podría prevenirse con mayor fuerza si el acto criminal del "terrorismo" se definiera como un delito en el derecho internacional.

Las definiciones de terrorismo se encuentran en las leyes nacionales e internacionales de muchos países, pero todos los Estados miembros tienen que definir el terrorismo en sus leyes nacionales para cumplir con sus términos. Sin embargo, si el terrorismo se considera un delito según el derecho internacional, solo es necesaria una definición, basada en estándares internacionales, y sería aplicable a toda la comunidad internacional.

Aún sin una definición específica en el Estatuto de Roma, cualquiera de los actos descritos en el Art. 7 del Estatuto de Roma puede considerarse terrorismo (El Código de Delitos contra la Paz y la Seguridad de la Humanidad, Art. 20, f, (iv), se refiere a los actos de terrorismo en violación del DIH en los conflictos armados no internacionales como crímenes internacionales. Según Brownlie, los artículos se volvieron redundantes después del Estatuto de la Corte Penal Internacional. BROWNLIE, Ian. Principles, p. 561), especialmente el gran sufrimiento o las lesiones graves al cuerpo o la salud mental y física descritas en el punto (k), cuando se cometen. por un grupo organizado, guerrilla o facción rebelde.

Las guerrillas no son organizaciones terroristas, pero cuando usan el terror como un método para combatir un Estado o una Nación, también están cometiendo un crimen bajo el derecho internacional.

Las guerrillas son operaciones de combate llevadas a cabo en el territorio ocupado por el enemigo, principalmente por fuerzas militares o paramilitares en el país ocupado.

Las guerrillas les es permitido combatir (son combatientes legales), y se les otorga el estado de prisionero de guerra cuando son capturados. Son combatientes de la resistencia, milicias y organismos voluntarios que no forman parte de las Fuerzas Armadas regulares de un país, operan dentro o fuera de su territorio, incluso si ese territorio está ocupado, pero deben cumplir cuatro requisitos:

- Tener un comandante responsable de sus subordinados (cadena de mando);

- Tener un signo distintivo reconocible a distancia (uniformes, insígnias);

- Tener las armas ostensiblemente;

- Respetar, en sus operaciones, las leyes y costumbres de la guerra.

(Artículo 4 del Tercer Convenio de Ginebra sobre el trato a los prisioneros de guerra).

Cuando los guerrilleros usan métodos o medios de combate ilegales, incluido el terrorismo, se convierte en un criminal de guerra, pierde la protección garantizada para los combatientes y, cuando es capturado, no puede considerarse prisionero de guerra y debe ser procesado por un tribunal internacional, o un tribunal nacional que utiliza la jurisdicción universal.

Por otro lado, el terrorista no cumple con todos los requisitos anteriores. No puede considerarse un prisionero de guerra, pero esto no significa que no sea un combatiente, debido al hecho obvio de que todavía hay un conflicto armado y que está involucrado en él. Por lo tanto, es un combatiente ilegal, con el mismo estatus legal que un espía, que utiliza medios y métodos de combate ilícitos.

Cualquier combatiente, reconocido como tal por el derecho internacional humanitario, puede ser considerado prisionero de guerra o no, dependiendo de su conducta en el campo cuando toma las armas contra un gobierno, un Estado o una Nación. El terrorista no es diferente de cualquier combatiente al comienzo del conflicto, pero en el momento en que el agente ataca a los civiles con el propósito de ganar la lucha por miedo entre la población, ya no está luchando legalmente y pierde la protección bajo el Derecho Internacional Humanitario.

En conclusión, el terrorista es un criminal de guerra y debe ser procesado como tal (Al considerar el terrorismo como un delito en el derecho internacional, crease una obligación erga omnes para todos los Estados de prevenir y reprimir las actividades terroristas, y enjuiciar a sus autores. Un Estado no puede afirmar que el terrorismo no es un delito en virtud de su legislación nacional, ni otorgar asilo / inmunidad a los terroristas).

Otro ejemplo es el terrorista que utiliza un rehén civil con el dolus specialis para negociar con el Gobierno, y también como escudo humano durante una situación; él está usando un método ilegal para luchar contra un gobierno con fines políticos. Esto es terrorismo cuando alcanza una gran extensión y severidad, es decir, una amenaza a la existencia del Estado.

En todos estos casos, ¿él puede ser juzgado por un tribunal nacional? La pregunta se puede colocar de otra manera: ¿es el juez nacional suficientemente capaz e imparcial para tratar con tal crimen, cuando su patria, la población que lo incluye a él y a su familia y amigos, el estado para el que trabaja, fue amenazado?

Una nación económicamente poderosa y democráticamente fuerte puede no sentir una amenaza a su existencia por la explosión de un edificio o el secuestro de un alto funcionario del gobierno. Pero los estados inestables son mucho más fáciles de demoler, y su gente es más vulnerable al terrorismo.

7. PAPEL DE LAS CORTES DE JUSTICIA LOCALES Y INTERNACIONALES

Una vez que se ha definido que el terrorismo puede considerarse un delito en el derecho internacional para la represión judicial debida, existen cinco opciones disponibles para que el sistema jurisdiccional procese el delito de terrorismo:

- Iniciar procedimientos judiciales en un tribunal nacional, compuesto solo por jueces nacionales;

- Establecer un tribunal penal especial para analizar este delito específico;

- Establecer una corte penal internacional, con el mismo propósito;

- Remitir el caso a la Corte Penal Internacional en La Haya;

- Crear un tribunal híbrido, con jueces nacionales e internacionales, para el caso.

De todo lo expuesto en los capítulos anteriores, concluimos que un tribunal nacional (un tribunal penal del Estado o Nación afectado) no puede juzgar al terrorista adecuadamente, por varias razones: la protesta pública para castigar severamente al terrorista puede perjudicar la imparcialidad del juez nacional (Su imparcialidad estaría garantizada si el acto no involucrara a usted o su familia y amigos cercanos, por ejemplo. Pero esto es muy poco probable, porque el acto terrorista se dirige a la población civil en su conjunto.). El propio juez puede perder su imparcialidad debido al odio que el acto terrorista puede haberle causado, ya que el terrorista atacó o intentó destruir las instituciones políticas de su país natal.

Del mismo modo, los tribunales penales especiales (o tribunales militares especiales) generalmente carecen de suficiente independencia e imparcialidad, lo que puede conducir a violaciones del derecho a un juicio justo y/o acceso limitado a abogados, testigos u otros medios para demostrar su inocencia.

Ejemplo: Tribunal Especial para Sierra Leona, creado en 2006 para procesar y enjuiciar a Charles Taylor, por 11 cargos de crímenes de guerra y crímenes contra la humanidad. Su presencia en Liberia amenazó el frágil proceso de paz, y fue trasladado a La Haya para ser juzgado (RAM, Sunil. The History of UN Peacekeeping Operations From Retrenchment to Resurgence, pg. 168).

Lograr justicia fuera del Estado de Derecho es venganza y no previene el terrorismo. Por el contrario, infla el odio de los demás contra el gobierno vengativo, creando un círculo vicioso de violencia entre el gobierno y la oposición armada, en el que la población sufre una fuerza centrífuga en el centro.

Un delito según el derecho internacional requiere el enjuiciamiento y el juicio de un tribunal que utilice la Jurisdicción Universal, que está garantizado por cualquier tribunal federal (La jurisdicción jurisdiccional para analizar violaciones graves de los derechos humanos se otorga comúnmente a los tribunales federales porque, en estos casos, el Estado puede haber incumplido una obligación en virtud del derecho internacional (por ejemplo, la Convención Internacional de Derechos Civiles y Políticos, Res. Asamblea General 16 Dic. 1996)) de un gobierno. Sin embargo, para garantizar el debido proceso legal al procesar delitos que han causado una sensación de disgusto e indignación común y de gran alcance, debemos aprender de las experiencias pasadas y las lecciones del pasado.

7.1. TRIBUNALES CRIMINALES INTERNACIONALES

El Tribunal Penal Internacional para la ex Yugoslavia (TPIY) fue creado por la Resolución del Consejo de Seguridad No. 827 del 25 de mayo de 1993, basada en el Capítulo VII de la Carta de las Naciones Unidas. Era competente para enjuiciar a las personas responsables de violaciones graves del derecho internacional humanitario cometidas en el territorio de la ex Yugoslavia desde 1991, de conformidad con las disposiciones de su Estatuto (Artículo 1 del Estatuto de la Corte Penal Internacional para la ex Yugoslavia).

La jurisdicción del TPIY se limitaba a violaciones graves de los Convenios de Ginebra. En otras palabras, violaciones del derecho y las costumbres de la guerra, crímenes de genocidio y crímenes de lesa humanidad cometidos en el territorio de la ex Yugoslavia desde el 1 de enero de 1991.

A pesar de su jurisdicción paralela con los tribunales nacionales de cada estado parte, el TPIY tenía jurisdicción primaria y podía solicitar que los tribunales nacionales renunciaran a su jurisdicción. De acuerdo con el principio de *non bis in idem* (la persona no puede ser condenada más de una vez por el mismo delito), los casos ya procesados y juzgados por un tribunal nacional no pueden ser analizados nuevamente por el TPIY. Sin embargo, a modo de derogación, para que nadie escape a la responsabilidad penal, el autor podría ser presentado nuevamente al TPIY si el factum delicti no se describió como un delito en virtud de la legislación nacional, si la decisión no fue imparcial o independiente, o si el caso en su contra no se hizo correctamente.

El TPIY pudo sentenciarlo a prisión, de la misma manera que otros tribunales nacionales en la ex Yugoslavia, pero no pudo sentenciar a muerte. También pudo determinar la restitución de las propiedades obtenidas por medios ilegales para sus legítimos propietarios. Los jueces fueron elegidos por la Asamblea General de la ONU, siguiendo las propuestas de los estados de los cuales eran nacionales.

El Tribunal Penal Internacional para Ruanda (TPIR) fue creado el 8 de noviembre de 1994 por SC Res 955 utilizando el Capítulo VII de la Carta, el TPIR era competente para enjuiciar a las personas responsables de actos de genocidio, delitos contra humanidad, violaciones del artículo 3 comunes a los Convenios de Ginebra y su Protocolo Adicional II, u otras violaciones graves del derecho internacional humanitario, cometidas en el territorio de Ruanda y en el territorio de los países vecinos, entre el 1 de enero y el 31 de diciembre de 1994, según las disposiciones de su Estatuto (Estatuto de la Corte Penal Internacional para Ruanda, art. 1).

El TPIR, de manera similar al TPIY, tenía la misma jurisdicción que los tribunales penales nacionales, tenía jurisdicción primaria y tenía el poder de llevar los casos bajo la jurisdicción de los tribunales nacionales. Como en el TPIY, el Principio de *non bis in idem* no se aplicaba en los mismos casos (procesado como un delito común, un juicio injusto o no independiente). Pudo condenar por los mismos delitos que los jueces nacionales (excepto la pena de muerte) y determinar la restitución de la propiedad a sus propietarios.

7.2. EL TRIBUNAL PENAL INTERNACIONAL (TPI)

Tras los acontecimientos que tuvieron lugar en la ex Yugoslavia y Ruanda, la comunidad internacional se dio cuenta de que era necesario aumentar la represión del crimen internacional a través de instrumentos criminales internacionales. Así, se crearon dos tribunales internacionales *ad hoc* (para el caso) para la ex Yugoslavia (TPIY) y Ruanda (TPIR) y, recientemente, la Corte Penal Internacional (Creado por el Estatuto de Roma el 17 de julio de 1998. Muchas Delegaciones recomendaron el Proyecto de Estatuto de la TPI a la Asamblea General en 1994, porque sería más apropiado que los tribunales regionales ad hoc creados por el Consejo de Seguridad. BROWNLIE, Ian. Principles, p. 571). Mientras que el TPIY y el TPIR se activaron poco después de su creación, la TPI comenzó sus actividades el primer día del mes siguiente al depósito de la sexagésima ratificación de su tratado fundacional (Estatuto de Roma). En otras palabras, ha estado activo desde el 1 de julio de 2002.

El artículo 1 del Estatuto de Roma establece que se crea una Corte Penal Internacional, una institución permanente, que puede ejercer su jurisdicción sobre las personas, en relación con los delitos de alta preocupación en la jurisdicción internacional. Su jurisdicción es complementaria al papel de los jueces penales nacionales.

La jurisdicción del tribunal se limita a los delitos más graves que afectan a la comunidad internacional en su conjunto. De conformidad con su Estatuto (Art. 1, § 5 del Estatuto de Roma), la Corte tiene jurisdicción sobre los siguientes delitos:

- Genocidio (destruir, total o parcialmente, un grupo nacional, étnico, racial o religioso, a través de la muerte de miembros del grupo, o causar lesiones corporales o mentales graves, o infligir condiciones de vida calculadas para provocar su destrucción física total o en parte, o imponer medidas para prevenir los nacimientos dentro del grupo, o transferir a la fuerza a los niños de un grupo a otro);

- Delitos contra la humanidad (ataques integrales o sistemáticos contra cualquier población civil, como asesinato, exterminio, esclavitud, deportación o traslado forzoso de la población, prisión u otra privación severa de la libertad física en violación de las normas fundamentales del derecho internacional, tortura, violación, esclavitud sexual, prostitución forzada, embarazo forzado, esterilización forzada o cualquier otra forma de violencia sexual comparable, acoso contra cualquier grupo o colectividad identificable en términos políticos, raciales, nacionales, étnicos, culturales, religiosos, de género u otros universalmente reconocidos como no permitidos por el derecho internacional, en relación con cualquier acto considerado un crimen de lesa humanidad o cualquier delito dentro de la jurisdicción de la TPI);

- Crímenes de guerra (violaciones graves de los Convenios de Ginebra del 12 de agosto de 1949, contra personas o bienes protegidos dentro de las disposiciones pertinentes de los Convenios de Ginebra, tales como muerte intencional, tortura o trato inhumano, incluidos experimentos biológicos, que intencionalmente causan un gran sufrimiento, o lesiones graves al cuerpo o la salud, destrucción extensa y apropiación de bienes, no justificada por la necesidad militar y llevada a cabo de manera ilegal y no provocada, para obligar a un prisionero de guerra u otra persona protegida a servir intencionalmente en las fuerzas del poder hostil, privar a un prisionero de guerra u otra persona protegida de los derechos a un juicio justo y regular, deportación forzada, traslado o confinamiento, toma de rehenes);

- Crimen de agresión (planificación, preparación, iniciación o financiación de una guerra de agresión, o una guerra en violación de tratados, acuerdos o garantías internacionales, o participar en un plan común o conspiración para cumplir con lo anterior).

El Estatuto de la Corte fue aprobado en Roma el 17 de junio de 1998. A diferencia de la Corte Internacional de Justicia (CIJ), que examina las disputas entre Estados, la Corte Penal Internacional es competente para enjuiciar a personas acusadas de delitos particularmente graves: genocidio, delitos contra la humanidad, crímenes de guerra y crímenes de agresión. La TPI ejerce su jurisdicción solo cuando el Estado de la nacionalidad del acusado, o el territorio del Estado en el que ocurrió el delito, es parte de la Convención, o cuando el consentimiento se da expresamente. El Tribunal es complementario de los tribunales nacionales. El Tribunal intervendrá solo cuando los tribunales nacionales no puedan o se nieguen a llevar a los responsables a juicio (aut dedere aut judicare).

La TPI puede iniciar el proceso cuando sea provocado por los Estados partes, el Consejo de Seguridad o de oficio, con autorización previa de la Cámara Preliminar. A diferencia de otros tribunales internacionales y penales (limitados en tiempo y territorio), la TPI puede ejercer su competencia y jurisdicción en el territorio de cualquier Estado parte y, mediante un acuerdo especial, en el territorio de cualquier Estado.

Los jueces de la TPI son elegidos por la Asamblea General de la ONU, a partir de una lista creada por el Consejo de Seguridad, después de ser propuestos por el estado del cual son nacionales.

El artículo 89 del Estatuto de Roma crea un instituto importante: La Entrega (Surrender). La TPI puede enviar una solicitud de arresto y entrega de un individuo, acompañada de los documentos mencionados en el Artículo 91, a cualquier país en cuyo territorio pueda estar esa persona, y requerir la cooperación de ese Estado en el arresto y entrega de ese individuo. Los Estados partes responderán a las solicitudes de detención y rendición de conformidad con el Capítulo Nueve (Cooperación Internacional y Asistencia Jurídica) y procederán de acuerdo con las normas nacionales.

Este instrumento legal fue creado para evitar problemas de extradición, y solo la TPI puede usar la solicitud de Surrender por delitos dentro de su jurisdicción. El Estado parte puede rechazar tal solicitud solo cuando el acusado ya está siendo procesado por el mismo delito, o ya ha sido juzgado (condenado o absuelto) en el mismo caso.

7.3. JURISDICCIÓN CRIMINAL INTERNACIONALIZADA

La tercera generación de jurisdicción penal internacional, los tribunales penales internacionalizados o los tribunales penales híbridos son otra opción para el enjuiciamiento de delitos en virtud del derecho internacional. También es llamada Justicia Internacional Penal de Proximidad.

Esta rama de Justicia Criminal reúne los mecanismos jurisdiccionales en los que los jueces nacionales trabajan codo a codo con los jueces internacionales, aplicando la legislación del país donde se cometieron los actos ilegales, permitiendo la participación del Estado y su población en el procedimiento que condenará o absolverá al acusado de crímenes internacionales.

La mayor ventaja de esta metodología es estar cerca de la comunidad que presenció los crímenes cometidos. Sin embargo, son jueces *ad hoc*, que utilizan la competencia universal, nombrados para garantizar la fluidez del procedimiento, especialmente en los delitos donde existe una alta presión interna que puede influir en la imparcialidad del juez nacional.

Otra ventaja importante es la audiencia fácil y rápida de los testigos, y la producción de evidencia por ambas partes, ya que están cerca de los jueces, y la Corte puede usar el sistema judicial nacional para realizar arrestos, notificaciones y citaciones. Además, un juicio correcto, imparcial y justo visto por toda la población puede tener un efecto disuasorio sobre otros terroristas potenciales.

La sentencia de los tribunales penales internacionalizados se basa en la competencia interna del Estado, en relación con el asunto, la persona o el lugar (ratione materiae, personae o loci), pero también se basa en la competencia universal. Por lo tanto, no hay ofensa a la soberanía del estado, evitando el problema principal de aplicar la competencia universal sola.

Ejemplo: Tribunales en Camboya, para el caso Khmers Rouges, con tres jueces nacionales y dos jueces internacionales, y la Cámara de Apelaciones con cuatro jueces nacionales y tres jueces internacionales.

Ejemplo: Tribunal en Líbano, para el juicio por el asesinato del primer ministro Rafic Hariri, con dos jueces internacionales y un libanés, y la Cámara de Apelaciones con tres jueces internacionales y dos libaneses.

7.4. ASPECTOS DE LA JUSTICIA TRANSICIONAL

La justicia transicional puede entenderse como una rama de la justicia que regula las excepciones que escapan al gobierno de la justicia común. No es justicia punitiva, ya que el objetivo principal no es el juicio y la condena de los delincuentes. El objetivo estratégico es restablecer los lazos sociales y humanos con las víctimas, reconciliando a la población, comúnmente después de un conflicto armado no internacional o un acto terrorista que dividió la populación entre los indignados y los simpatizantes.

La justicia transicional se basa en cuatro pilares que proporcionan innumerables mecanismos para que una sociedad adicta al odio y la violencia atraviese un proceso de pacificación y normalización. En términos prácticos, el objetivo de la justicia de transición es abordar el pesado legado del abuso y las violaciones de los derechos, de manera integral y holística, que abarca el derecho a la verdad, el derecho a la justicia, el derecho a la reparación y las garantías de no repetición, a través de reformas institucionales (LA JUSTICE TRANSITIONELLE, 2016).

¿Cómo podemos volver a aprender cómo vivir en armonía, a pesar de las cicatrices del pasado, el sufrimiento individual y las fracturas sociales, heredadas de un conflicto armado o un régimen totalitario violento? A partir de esta pregunta integral, es posible identificar algunos elementos clave, principios y elecciones estratégicas que condicionan el proceso de tratamiento del pasado, buscando facilitarlo. La experiencia muestra que, a pesar de las dificultades, es posible implementar una estrategia para enfrentar el pasado que permita, a través de etapas progresivas y realistas, restaurar un clima de confianza y equilibrio social que conduzca al retorno seguro de la paz. Las principales oportunidades son comunes a todos los casos: restaurar la dignidad y la responsabilidad de todos en un proyecto social común, salir de impases y construir una nueva posibilidad para la vida comunitaria.

Muchos conflictos armados y regímenes de excepción se caracterizan por una ideología, una visión del mundo supuestamente mejor que las demás, y su implementación, incluso por la fuerza, sería la mejor para la población. Para tener un conflicto armado, es necesario caracterizar a un enemigo, alguien con quien luchar, y la ideología cumple esta función de caracterizarlo, de acuerdo con el color, la raza, el origen, la religión o el origen étnico. Para generar una paz social y duradera, es necesario luchar contra el enemigo y también su ideología.

Sin embargo, una ideología no puede combatirse con una contra ideología, una visión del mundo diametralmente opuesta a la visión del enemigo. "La búsqueda de una contra ideología, dirigida a reprimir la ideología totalitaria, es inútil. La contra ideología democrática es un mito. La democracia no debe permitirse cerrarse en términos definidos por el pensamiento totalitario y construir un reflejo antitético de ese pensamiento. La ideología es una mentira, la ideología comunista es una mentira total, extendida a todos los aspectos de la realidad.

Proponer al pensamiento libre para defenderse, construir un delirio sistemático, en la dirección opuesta, es proponer que te suicides para evitar ser asesinado. Si es cierto que nada es más efectivo que un espejismo para destruir otro espejismo también es cierto que la civilización democrática no puede sobrevivir, sino oponiendo el pensamiento a la ideología; a las mentiras, conocimiento de la realidad; a la propaganda, no una contra publicidad, sino la verdad (REVEL, J.R. Cómo terminan las democracias, citado por AUGUSTO, Agnaldo Del Nero, La gran mentira)"

En cada estado organizado, las Fuerzas Armadas son responsables de la defensa de la nación. Cuando la estabilidad o incluso la existencia de la nación se ve amenazada por un conflicto armado, incluso si es interno o de baja intensidad, es inconcebible que los titulares del monopolio sobre el uso de la fuerza sigan siendo de brazos cruzados. Esto plantea dos responsabilidades para las Fuerzas Armadas: como la *ultima ratio regis* (o *ultima ratio legis*) ("La última alternativa del rey" es una expresión común en la doctrina militar, significa que las Fuerzas Armadas solamente deben ser empleadas en los casos graves, cuando las otras opciones de gerenciamiento de la crisis son ineficaces o insuficientes. El mismo sentido se puede conceder para la expresión "la última alternativa de la ley", el empleo de la fuerza militar como medida extrema de resolución de crises) , serán las instituciones las que podrán gobernar el proceso de transición, especialmente si están legitimadas por su neutralidad política en el conflicto. Por otro lado, la eventual falta de respeto a la dignidad humana, practicada por agentes estatales durante su empleo, puede desestabilizar a medio y largo plazo la paz, lograda por la fuerza de las armas. Cuando la victoria militar no logra su objetivo político, como la paz social, el desarrollo económico y la seguridad jurídica, el discurso de la parte derrotada tarde o temprano se destaca, comenzando el revisionismo / revanchismo que puede conducir a un conflicto nuevamente.

En todos los tipos de conflictos armados, una de las reglas más importantes para la conducción de las hostilidades es que todas las personas que no participan o no participan más en el conflicto deben ser tratadas con humanidad y no deben sufrir actos contra sus vidas y integridad física, incluidas mutilaciones, torturas y otros tratos crueles. Además, cualquier persona involucrada en combate, independientemente de su nacionalidad, debe respetar las reglas fundamentales para la conducción de las hostilidades, ya sean fuerzas armadas, milicias, luchadores por la libertad o guerrillas.

Sin embargo, la asimetría de un conflicto, especialmente en recursos tecnológicos, puede llevar a la parte desfavorecida a ignorar las reglas del DIH, para poder durar en la acción, es decir, usar la única alternativa posible para continuar luchando. Sin embargo, esta opción es ilegal y debe considerarse un delito según el derecho internacional. Incluso si el adversario comete atrocidades, no es legal que ningún agente estatal recurra a los mismos medios, bajo pena de comprometer el objetivo político deseado y también ser acusado de delitos, de derecho nacional o internacional.

Por este motivo la paz social, tan deseada por los individuos y los pueblos, se puede lograr por diferentes medios, ya sean diplomáticos o militares. Sin embargo, para mantenerlo, es necesario garantizar el respeto de los derechos económicos, sociales y culturales, además de los derechos civiles y políticos, y también garantizar la verdad sobre el destino individual de los elementos que participaron en ambos lados del conflicto y el mantenimiento y conciencia de la verdad histórica que ocurrió con la población en esa ocasión específica.

8. ESFUERZOS DE LA COMUNIDAD INTERNACIONAL CONTRA EL TERRORISMO

Tres semanas después de los ataques terroristas en el World Trade Center, el Pentágono y el secuestro de otro avión que se estrelló en tierra el 11 de septiembre de 2001, el Consejo de Seguridad de la ONU aprobó la Resolución 1373. Es un documento inusual porque por primera vez se creó una resolución basada en el Capítulo VII para aplicar a todos los Estados Miembros de la ONU. Su objetivo son las medidas penales, financieras y administrativas para poner fin al apoyo a las personas y entidades involucradas en el terrorismo.

La resolución 1373 (2001), de 28 de septiembre de 2001, requiere que los Estados eviten el apoyo financiero para actos terroristas a través de procedimientos legales y financieros muy estrictos; dejar de proporcionar cualquier forma de apoyo a entidades relacionadas con el terrorismo; configurar los actos terroristas como conducta criminal grave en la legislación nacional, con castigos severos; y establecer procedimientos para verificar posibles terroristas antes de otorgarles el estatus de refugiado cuando están involucrados en la planificación, participación o cometer actos terroristas.

El Comité contra el Terrorismo (CCT) se estableció con la Resolución 1373 (2001) para supervisar la implementación de estas medidas, así como para aumentar la capacidad de los gobiernos para combatir el terrorismo. Todos los miembros del Consejo de Seguridad son parte del CCT. La resolución 1373 requiere que todos los estados informen al CCT de la adopción de tales medidas, mostrando que se han creado procedimientos para cumplir con la resolución, todo dentro de los 90 días.

No hay ninguna referencia en la Resolución 1373 sobre el respeto del derecho internacional de los derechos humanos, humanitario y de refugiados. La situación terminó con la Resolución Nº 1456 del

Consejo de Seguridad, de 20 de enero de 2003, que exige a los Estados Miembros las garantías de que los procedimientos en la lucha contra el terrorismo se lleven a cabo de conformidad con todas las disposiciones relacionadas del derecho internacional. También requiere que se tomen medidas para cumplir con el derecho internacional, especialmente los derechos humanos internacionales, los refugiados y el derecho humanitario. La resolución 1456 fue un hito importante y un paso adelante para garantizar el respeto de los valores en los derechos humanos internacionales.

La Dirección Ejecutiva de Combate contra el Terrorismo (DECT) se creó en marzo de 2004 para garantizar la asistencia institucional para el compromiso contra el terrorismo. El DECT cuenta con un equipo de expertos para brindar opiniones técnicas al CCT sobre aspectos técnicos de los informes gubernamentales.

Los informes al CCT deben informar primero sobre el progreso en el posicionamiento de la legislación para aplicar todas las medidas de la Resolución 1373, y las medidas adoptadas para convertirse en parte de las convenciones y protocolos internacionales sobre terrorismo; además, informan sobre la implementación de medidas administrativas efectivas para prevenir y reprimir el financiamiento de grupos terroristas.

Un paso posterior en los informes debe incluir estructuras ejecutivas (policía, inteligencia y aduanas, inmigración y control fronterizo; no permitir el acceso al material de guerra) para evitar nuevos reclutas para grupos terroristas, sus reuniones, lugares seguros u otras medidas de apoyo para grupos o miembros terroristas.

La metodología de trabajo de CCT y DECT comprende:

- Visitas a los países para evaluar la naturaleza y la asistencia prestada al cumplimiento de la Res 1737 del Consejo de Seguridad, y para monitorear su progreso;

- Programas de asistencia técnica, financiera, reglamentaria y legislativa para conectar países;

- Completar informes para países sobre circunstancias antiterroristas, y también convertirse en un canal de diálogo para el Comité;

- Mejores prácticas, códigos y estándares, para que los gobiernos puedan aplicarlos de acuerdo con sus necesidades y obligaciones;

- Reuniones con organizaciones internacionales y regionales, para lograr la unidad de esfuerzo y utilizar los recursos de la mejor manera posible.

El terrorismo es una amenaza real en innumerables países de todo el mundo. Sin embargo, los métodos de contraterrorismo deben observar los valores fundamentales del sistema legal internacional. Todos los instrumentos y directrices disponibles para los países deben usarse para prevenir la propagación del terror.

En resumen, la lucha contra el terrorismo no debe causar terror a la población afectada o el terror continuará con otros perpetradores. Por lo tanto, para evitar esto, se debe obedecer el derecho internacional así que el derecho humanitario, sin excepción.

Algunos países sostienen que es necesario implementar poderes especiales para responder a la amenaza excepcional y sin precedentes del terrorismo. Estos poderes especiales pueden incluir:

- Definiciones amplias y subjetivas de terrorismo que son similares a los delitos políticos;

- Poder para arrestar y detener a personas sin una orden judicial;

- Entrar a hogares sin una orden judicial o un estado flagrante;

- Romper la confidencialidad de la comunicación y la correspondencia sin una orden judicial;

- Mantener a los detenidos en régimen de incomunicación incluso en relación con sus familiares y abogados;

- Mantener la detención temporal por tiempo indefinido;

- Llevar a los terroristas a los tribunales militares o *ad hoc*;

- Utilizar métodos de investigación que puedan parecer tortura;

- Usar la inteligencia obtenida ilegalmente en una investigación.

A nivel estratégico, el esfuerzo global contra el terrorismo por parte del Consejo de Seguridad y otros actores internacionales interesados está bien planificado, bien dirigido y es efectivo. Hoy en día es muy difícil para un país u organización apoyar a los terroristas, financiar grupos ilegales, organizar campos de entrenamiento para reclutas, porque los Estados Partes y / o la comunidad internacional lo penalizarán con embargos y restricciones sobre asuntos diplomáticos y económicos.

Sin embargo, a nivel táctico, los poderes especiales otorgados para prevenir el terror, a menudo no acompañados por la responsabilidad en los campos administrativos y criminales por la mala conducta de los funcionarios del gobierno, han causado un gran temor en la población. El miedo de la población, especialmente cuando causa ostracismo y aislamiento de las minorías, es contraproducente y contra todos los esfuerzos para combatir el terrorismo. No es eficiente combatir el miedo con más miedo.

9. ASPECTOS DE LA GUERRA JURÍDICA CONTRA EL TERRORISMO

El término *Lawfare* (guerra jurídica), o simplemente el uso de la ley como arma de guerra, es una expresión utilizada comúnmente para definir la guerra utilizando herramientas de derecho (habeas corpus en favor de los capturados, notitia criminis a cortes nacionales, denuncias a Tribunales Internacionales, por ejemplo) cuando una o más partes del conflicto no respetan los procedimientos legales y los derechos del adversario. Por lo general, una práctica se planifica, gestiona y realiza bajo la apariencia de legalidad, que a menudo puede contar con la ayuda de las redes sociales, ya sea a propósito o accidentalmente.

Por lo tanto, la guerra jurídica es una práctica que se lleva a cabo actualmente para lograr varios fines militares, políticos e incluso comerciales. En el contexto militar, la guerra es el uso de maniobras legales como sustituto o en colaboración con el poderío bélico, con "miras a lograr ciertos objetivos de política exterior o seguridad nacional, es decir, constituye una forma de guerra asimétrica en la que la ley o el derecho en sentido amplio se utiliza como instrumento de combate, un arma de guerra genuina" (D'ARC, Moizés. O direito como instrumento de combate.<https://revista.mpm.mp.br/artigo/artigos-ineditos-o-direito-como-instrumento-de-combate/>).

El *Lawfare* comprende la forma en que los beligerantes, en particular los inferiores tecnológicamente porque no pueden enfrentar las capacidades militares de los oponentes, tratan de emplear el sistema legal en el contexto del combate en forma de guerra asimétrica (DUNLAP Jr, Charles. Guerra jurídica – uma introdução. <https://www.armyupress.army.mil/Portals/7/military-review/ Archives/Portuguese/4thQtr17/a-guerra-juridica-uma-introducao.pdf>). Con esta maniobra buscan la igualdad en el campo de batalla, no siempre con uso lícito de la ley. Por lo tanto, el uso excesivo y abusivo de la ley puede tomar diferentes formas. La comunidad internacional ya reconoce algunas tácticas que, en general, apuntan por la manipulación de la opinión pública con la apariencia de ilegalidad o abuso en las acciones del oponente.

Las principales prácticas utilizadas son:

- el abuso del derecho a dañar y deslegitimar a los oponentes;

- promover demandas para desacreditar al oponente en un intento de influir en la opinión pública;

- utilizar los medios de información para diseminar falsas violaciones;

- el uso de la ley como una forma de avergonzar, intimidar e incluso castigar al oponente.

Su uso puede ser identificado, principalmente por actores no estatales que usan la guerra jurídica como el aspecto principal de su estrategia contra fuerzas militares de alta tecnología. Los que adoptan la guerra jurídica buscan utilizar el orden legal para hacer respetar la ley por su oponente en un vulnerabilidad o limitación, al mismo tiempo que no la respeta para obtener así ventajas tácticas.

El corazón de la cuestión del *Lawfare* reside en utilizar el respecto a la ley y el estado de derecho de una de las partes contra ella misma. Desvirtúa el Estado Democrático de Derecho resguardarse bajo la ley contra el enemigo y al mismo tiempo ignorar la ley para la conducta de las hostilidades. No se puede utilizar el derecho contra el propio Estado de Derecho.

Una práctica recurrente y comúnmente adoptada es el uso de tácticas deshonestas y a menudo inhumano de civiles, incluidos los más vulnerables (mujeres, ancianos y niños) como "escudos humanos", y después acusar la otra parte de ataques indiscriminados a la población civil o crímenes de guerra.

El principal desafío sobre la guerra jurídica se encuentra en actores no estatales de conflictos armados como es el caso de terrorismo. Actualmente grupos criminosos, principalmente narcotraficantes, tienen organización típica de movimientos paramilitares, con reclutamiento de personas, cadena de mando, apoyo logístico al combate, y conducen actos criminosos organizados que no se diferencian de atentados terroristas.

Por ejemplo, del poder de detención viene el derecho de interrogar al sospechoso, que también es parte de cualquier investigación. Sin embargo, en algunos casos las personas sospechosas de actividades terroristas son mantenidas fuera del estado de derecho, en secreto o en detención en régimen de incomunicación y sin acceso a un abogado, sus familias o recursos judiciales como el hábeas corpus, entre otras preocupaciones ya planteadas.

También se dice acerca de diferentes métodos de interrogatorio que pueden interpretarse como tortura, entre otros que son claramente ilegales en el derecho internacional de los derechos humanos.

Ambos se realizan con el propósito de reunir información de inteligencia en situaciones delicadas, cuando cualquier conexión entre el detenido y el exterior puede arruinar la investigación y traer una amenaza al país, cuando el sospechoso es realmente un terrorista y puede ordenar un ataque con bomba o un asesinato.

Toda esta discusión tiene lugar debido al uso del sistema legal de derechos humanos, que no es la herramienta más adecuada cuando el gobierno trata con enemigos en un conflicto armado no internacional, asimétrico y de baja intensidad, donde las partes son el gobierno y el grupo terrorista/revolucionário.

En esta situación, el marco legal correcto es el derecho internacional humanitario (DIH). Por lo tanto, cualquier miembro de un partido (militares del gobierno o grupo terrorista) puede ser considerado combatiente y se le puede garantizar la condición de prisionero de guerra hasta que haya una base suficiente para afirmar que cometió un delito en el derecho internacional (terrorismo u otro delito contra la humanidad). De esta manera, se puede iniciar un proceso legal en un tribunal competente para tratar dichos delitos.

Solo entonces su condición cambiará de Prisionero de guerra a Criminoso de guerra, porque hay evidencia suficiente de que cometió un delito (utilizando métodos ilegales de combate, causando terror generalizado ante la población), y el proceso en su contra puede comenzar.

En la ocurrencia de un atentado terrorista, caso haga duda sobre la condición del detenido, él debe ser considerado un Prisionero de Guerra, porque cualquier persona que participe en el combate debe tener esta garantía, hasta la debida aclaración.

Cuando hay evidencia suficiente de que se ha usado el terror, o se planeó usarlo, y está claro que el terrorismo es un método de combate ilícito, hay datos suficientes para afirmar que este acto terrorista puede empezar un Conflicto Armado, y que el detenido involucrado en el terrorismo es un potencial combatiente y un posible prisionero de guerra si es detenido.

Un prisionero de guerra se define como cualquier combatiente que cae en manos del enemigo, ya sea una fuerza armada regular, una guerrilla, un grupo insurreccional o un terrorista. Para ser un Combatiente, una persona debe tener los siguientes requisitos (ya explicados anteriormente):

- Tener un comandante responsable de sus subordinados (cadena de mando);

- Tener un signo distintivo reconocible a distancia (uniformes, insignias);

- Tener las armas ostensiblemente;

- Respetar, en sus operaciones, las leyes y costumbres de la guerra.

Mientras un posible terrorista sea considerado un combatiente, los procedimientos de vigilancia, la interceptación de la comunicación, el arresto individual y la detención para ser interrogados, todo sin una orden judicial, son métodos ejecutivos legales para reunir información del enemigo, y dentro del alcance legal del Derecho Internacional Humanitario y el Derecho de los Conflictos Armados.

Cuando se arresta a una persona sospechosa de terrorismo, se le debe garantizar el estado de Prisionero de Guerra (PG), porque es un combatiente legal hasta que haya evidencia de que ha cometido crímenes de conformidad con el derecho internacional.

Como prisionero de guerra, recibirá el tratamiento adecuado en los siguientes términos:

- Será detenido hasta el final de las hostilidades contra ese grupo, porque no puede ser liberado y volver a unirse al Partido Adverso;

- No tiene acceso a instrumentos legales como Habeas Corpus, ni a abogados, pero no se considera que haya cometido ningún delito en virtud de la legislación nacional;

- No puede comunicarse con nadie que no sea el representante del Movimiento de la Cruz Roja y de la Media Luna Roja, para no dar información confidencial al Partido Adverso (el grupo terrorista o las personas afiliadas);

- Será tratado con humanidad, y de ninguna manera estará obligado a responder preguntas durante su interrogatorio; y

- Bajo ninguna circunstancia será torturado, y las confesiones hechas bajo tortura se considerarán nulas y sin valor, con una compensación integral para el individuo.

Sin embargo, cuando existe una base suficiente para el cargo de participación o acción en un acto terrorista, su condición cambiará de Prisionero de guerra a Criminal (por terrorismo o crímenes contra la humanidad) en Derecho internacional, porque no cumplió con los requisitos para ser un prisionero de guerra: no respetó las leyes y costumbres de la guerra al usar métodos ilegales de lucha para causar terror generalizado en la población civil.

Aun así, él / ella no fue distinguido de la población civil, porque él / ella no usaba signos distintivos o uniformes, lo cual es una violación del Principio de Discriminación; tampoco llevaba armas ostensiblemente. Estos son ejemplos claros de Perfidia, una violación del DIH.

Por lo tanto, el presunto criminal será juzgado por un tribunal internacional (o internacionalizado) por los delitos que ha cometido. Si no hay pruebas suficientes para el proceso, él / ella será liberado.

Sin embargo, en cualquier caso, será tratado con humanidad, i. e., no ser torturado ni sufrir tratos crueles, inhumanos o degradantes. Si se lo considera un criminal nacional, se lo enviará a un tribunal nacional para su enjuiciamiento. El trato inhumano no es de ninguna manera aceptable.

Una respuesta puramente militar al terrorismo puede proporcionar una solución a corto plazo, pero crea problemas a largo plazo, y la amenaza puede permanecer latente, esperando la oportunidad de volver a crecer. Sin embargo, el Estado no puede usar métodos ilegales de combate para enfrentar a los combatientes, incluso cuando usan Perfidia u otros instrumentos prohibidos contra ellos.

Una respuesta integral al terrorismo debe incluir, entre otros:

- La recopilación de inteligencia (La operación de recolección de inteligencia (del enemigo) es diferente de la recolección de evidencia en investigaciones de persecución criminal (contra el ciudadano). En el DIH, no hay necesidad de una orden judicial para recopilar información del enemigo, ya que está dentro del poder ejecutivo de cualquier operación militar) con métodos legales (en el Derecho Internacional Humanitario, el orden legal apropiado y aplicable), para que puedan ser utilizados en los tribunales para un juicio justo;

- Un tribunal penal internacional o internacionalizado, competente para procesar y enjuiciar delitos de derecho internacional, como el terrorismo;

- Respeto a la dignidad humana, en todos los casos y en todo momento.

No hay necesidad de leyes y reglamentos específicos para combatir el terrorismo. Los Convenios de Ginebra, especialmente el artículo 3 común, no debilitan el esfuerzo antiterrorista. Estas convenciones fueron creadas poco después de la Segunda Guerra Mundial. Eran conscientes de las necesidades militares, así como de la protección humanitaria, y de los abusos que podrían ocurrir cuando no se respetan estas regulaciones.

El derecho humanitario y los derechos humanos no se crearon en tiempos de paz y estabilidad política. Por el contrario, su razón de ser fue crear un marco legal para responder de manera efectiva a las crisis más graves. Los derechos humanos no son superfluos, y no pueden ser ignorados en tiempos severos, incluso cuando algunos de ellos puedan ser suspendidos en una emergencia. Seguramente, ellos son la base para una respuesta efectiva a las amenazas contra la paz y la seguridad internacionales.

Sin duda el DIH es el valor esencial para mantener la paz y la seguridad internacionales, y para combatir el terrorismo y otras amenazas a la estabilidad de un país (Es más probable que se respeten los derechos humanos en los Estados donde prevalece el Estado de Derecho, porque hay una paz sostenible. Sin embargo, si un Estado es tan débil que no puede mantener el Estado de Derecho en beneficio de sus ciudadanos, y la paz se ve amenazada. El DIH es el conjunto de reglas que guiarán la conducción de todas las operaciones contra los vándalos en el proceso de paz).

10. ESTUDIO DE CASO DE GRUPOS TERRORISTAS REVOLUCIONÁRIOS

En el siglo XX, la guerra de guerrillas se generalizó en América Latina. Los principales grupos de guerrilleros latinoamericanos surgieron en Colombia, Venezuela, Perú, Guatemala, Argentina, Brasil, Nicaragua, entre otros.

Sin embargo, solo dos guerrillas tuvieron éxito en el continente americano, es decir, conquistaron el poder. El primero fue en Cuba, en 1959, en la llamada Revolución Cubana, con los líderes Fidel Castro y el mártir Ernesto Che Guevara (la imagen del Che se configuró como una representación ideal de la guerrilla). El segundo movimiento guerrillero que se jactó del poder en América Latina tuvo lugar en Nicaragua en 1979, a través del Frente Sandinista de Liberación Nacional. Los principales líderes fueron Augusto Sandino, fundador de la guerrilla nicaragüense, en la década de 1920; y Daniel Ortega, quien llegó al poder en 1979 (CARVALHO, Leandro. "Guerrilhas na América Latina"; <https://brasilescola.uol.com.br/historia-da-america/guerrilhas-na-america-latina.htm> Acceso en 10 julio 2020).

Las principales acciones de la guerrilla consistieron en la realización del foquismo (o los llamados focos), que se basaba en la existencia de condiciones objetivas, en las que la práctica revolucionaria podía ponerse en práctica (personal, logística e ideológica). La práctica de la guerra de guerrillas consistía en combatir los enfoques revolucionarios basados en la lucha armada, es decir, para la guerrilla, la lucha armada era la única forma de combatir los regímenes dictatoriales presentes en varios países latinoamericanos y conquistar el poder.

En varios países latinoamericanos, las guerrillas con diferentes concepciones políticas e ideológicas, como los nacionalistas, marxistas, guevaristas, entre otros, utilizaron la lucha armada para combatir las dictaduras instaladas en diferentes países latinoamericanos, como en los casos del grupo guerrillero Sendero Luminoso, activo en las décadas de 1970 y 1980, en Perú; y las FARC (Fuerzas Armadas Revolucionarias de Colombia), que todavía están activas hoy.

Creado en 1964 por el excombatiente liberal Pedro Antonio Marín, también conocido como Tirofijo, las FARC surgieron como un grupo marxista-leninista, trabajando en el campo y adoptando tácticas de guerrilla. Esta organización tiene como discurso ideológico la implantación del socialismo en Colombia, promoviendo la distribución equitativa del ingreso, la reforma agraria, el fin de los gobiernos corruptos y las relaciones políticas y económicas con Estados Unidos, entre otros aspectos sociales (FRANCISCO, Wagner de Cerqueira e. "Farc"; <https://brasilescola.uol.com.br/historia/farc.htm> Acceso 10 julio 2020).

Los secuestros y el contrabando de drogas, especialmente la cocaína, son prácticas comunes en las FARC, porque a través de estos recursos la organización obtiene dinero para equiparse militarmente. Sin embargo, desde la década de 1980 en adelante, el grupo intensificó la explotación del narcotráfico y la violencia, un hecho que distorsionó su enfoque, convirtiéndose en una organización narcoterrorista, cuyo objetivo principal es la producción y venta de drogas.

En Brasil, el foco guerrillero también existió y fue puesto en práctica por la guerrilla brasileña en 1968, en la conocida Guerrilha do Araguaia, donde la guerrilla revolucionaria adoptó la lucha armada como la principal forma de derrocar la dictadura militar que se había instalado en Brasil en 1964. El foco guerrillero en Brasil se concentró cerca del río Araguaia, en la ciudad de Xambioá, que en ese momento pertenecía al estado de Goiás (hoy es parte del estado de Tocantins), y en la frontera de los estados actuales de Pará y Maranhão.

A finales de los años sesenta y principios de los setenta, la Guerrilha do Araguaia fue ferozmente combatida por el ejército brasileño. Bajo el escrutinio del entonces presidente militar, Garrastazu Médici, varios guerrilleros fueron presos o neutralizados por el ejército brasileño.

Hasta la fecha, no se han encontrado varios cuerpos de guerrilleros que lucharon en la Guerrilha do Araguaia.

Por lo tanto, los intentos de guerrilla en América Latina no tuvieron éxito, con la excepción de Cuba y Nicaragua (como se mencionó anteriormente), debido a varios factores: el primero sería el hecho de que las guerrillas se organizaron en lugares aislados y remotos, como en el caso de la Guerrilha do Araguaia. El segundo factor fue la preponderancia de la cuestión militar sobre la cuestión política; y el tercer factor que declaró la insolvencia de la guerrilla fue la poca importancia dada a las particularidades históricas y culturales de cada región / país, lo que imposibilitó los guerrilleros a ganaren los corazones y mentes de la populación local. Así, la guerrilla en América Latina se es vaciado en medios y he recurrido al narcotráfico para seguir sus actividades.

11. ESTUDIO DE CASO DE GRUPOS CRIMINOSOS QUE PRATICAM EL TERRORISMO

El crimen organizado subió las colinas de las ciudades de las metrópolis brasileñas, especialmente en Río de Janeiro, con el aumento del tráfico de drogas a principios de la década de 1980 y, en la dirección opuesta, la presencia del Estado disminuyó en las mismas ubicaciones. Por consecuencia el tráfico tomó la administración de las comunidades, el tráfico hizo sus leyes y las he implementado, así el tráfico proliferó como una epidemia, y con ese poder paralelo nacieron y crecieron a través de la aparición y proliferación de facciones criminales.

Los barrios marginales estaban literalmente dominados por traficantes, que se organizaron en facciones, mientras que los políticos vieron en ese montón de chozas de vida infrahumana la oportunidad de comprar votos. La delincuencia organizada se ha arraigado y ha crecido sus tentáculos para llegar a funcionarios públicos corruptos para poder realizar sus actividades ilícitas con mayor libertad.

El tráfico se hizo cada vez más fuerte y siempre atrajo a un mayor número de adherentes a sus facciones criminales. El traficante a través de su poder financiero y represivo llegó a ser conocido y respetado por todos como el "rey de la colina", el "comandante de la zona". El trafico comenzó a funcionar en las diferentes comunidades como si fuera una especie de "Gobierno dictatorial" paralelo a nuestro régimen democrático de derecho, es decir, un poder paralelo (MARQUES, Arquimedes José Melo. A polícia, a legislação e o Poder Paralelo https://www.infoescola.com/sociedade/a-policia-a-legislacao-e-o-poder-paralelo/> Acceso el 10 de julio de 2020).

En su "pseudo propiedad", el jefe del narcotráfico toma el lugar del Estado, casi siempre, a cambio de favores, trabajo social para la comunidad pobre local. Distribuye alimentos, comestibles y medicinas que se toman por asalto en varios cargos para este propósito. También funciona como si fuera un "juez opresivo" para resolver las disputas de la gente. Su palabra, su decisión no se discute, se cumple.

Como "Juez", también lleva a cabo un juicio sumario de su enemigo, su oponente, aquello que no cumple sus órdenes, el informante de la policía, el traidor de su equipo, quienes siempre están condenados a muerte, una pena no prevista en el ordenamiento jurídico brasileño. Esta muerte puede ser ejecutando disparos o por medios crueles de tortura. Los hechos mostrados por los medios con respecto a los cuerpos constantes encontrados en ciertos lugares comprueban la veracidad de la afirmación, principalmente con respecto a las colinas de Río de Janeiro, los barrios marginales de São Paulo o los grandes centros del país.

Como dictador, hace sus leyes, hace la guerra, la inestabilidad social, provoca terror y miedo a la gente. Demuestra su poder económico, su fuerza bélica e incluso decreta toques de queda, cierre el fuego y abertura o cierre del comercio y las escuelas de "su localidad" cuando le convenga. Los vehículos militares y helicópteros no pueden sobrevolar las zonas dominadas por el narcotráfico, de lo contrario serán destruidos sumariamente. Un auténtico black spot (zona negra o negada).

Como "soldados" dispersos, irresponsables e insensibles, los componentes del tráfico exponen sus armas pesadas a los medios de comunicación y disparan al azar desde sus escondites hacia cualquier punto de la ciudad, matando o hiriendo gravemente a niños, ancianos y otras personas inocentes como si eso era lo más normal posible. De tales crímenes que surgen de las "balas perdidas", nunca se encuentra a nadie ni se lo responsabiliza, mientras tanto, las familias de las víctimas son destruidas, renunciadas y sublevadas por el resto de sus vidas.

A través del poder financiero, el tráfico se fortalece constantemente con las armas más modernas y sofisticadas disponibles para atacar a sus oponentes y defenderse o atacar a la policía, luchar contra otros grupos, luchar por buenos puntos de reventa de drogas, luchar por el control desde las colinas de mayor rentabilidad de la venta de drogas, para mostrar a la comunidad local y a la sociedad en general su poder de fuego, su fuerza, su poder paralelo y, cada vez más, ser respetados y obedecidos por todos.

A través de sus tentáculos de corrupción en varios sectores, el crimen organizado puede mover armas pesadas y drogas para llevar a cabo sus actividades ilícitas. Algunas drogas, como la cocaína y el crack, consideradas como las más utilizadas, provienen principalmente de Bolivia, Perú, Colombia, Paraguay, Venezuela y superan las fronteras misteriosamente. Ya sea por aire, tierra o mar, las drogas y las armas llegan a las manos del tráfico.

El Departamento de Estado norteamericano, por medio del Consejo Asesor de Seguridad del Ultramar, sobre la situación de violencia en Rio de Janeiro, define que todos los barrios de Río están sujetos a actividades delictivas. Pero entre ellos se encuentran las áreas urbanas sin gobierno conocidas como favelas (a veces llamadas comunidades), que a menudo son visualmente distintas de los barrios más ricos. Las bandas de narcotraficantes dominan estas áreas; los enfrentamientos armados entre traficantes y policías ocurren con frecuencia (Disponible en https://www.osac.gov/Country/Brazil/Content/Detail/Report/ca6883fb-1b88-4f9b-ac8b-15f4aecccd22>, acceso el 20 de agosto de 2020).

El gobierno del estado de Río de Janeiro inició un "programa de pacificación de favelas" hace una década para poner las favelas bajo el control sistemático del gobierno y la policía. Hasta la fecha, se han "pacificado" más de 30 favelas (ubicadas principalmente en la parte sur de la ciudad), pero esta estrategia solo ha arrojado resultados modestos debido a la falta de recursos. Durante el año pasado, los delitos violentos en Río de Janeiro se intensificaron hasta el punto de convertirse en un problema de seguridad nacional.

En febrero de 2018, el presidente brasileño Michel Temer autorizó a las Fuerzas Armadas de Brasil a intervenir directamente en la seguridad pública dentro del estado de Río de Janeiro, empleando operaciones conjuntas militares y policiales, planificación estratégica e intercambio de inteligencia en un esfuerzo por sofocar la violencia y reconstruir la aplicación de la ley estatal.

Ese autor ha participado inúmeras veces en las operaciones militares en Rio de Janeiro, y por experiencia personal es posible afirmar que la situación táctica de los enfrentamientos entre las fuerzas militares y los criminales cariocas es similar a un conflicto armado por su intensidad y duración, así que la organización, entrenamiento y suporte logístico de los grupos armados.

Esos son casos de creación de Estados Paralelos dentro del Estado brasileño, y los gobiernos locales son indiferentes o incapaces de combatir. Así, los ciudadanos que habitan en eses *Black Spots* no tienen las protecciones del Estado de Derecho en Brasil y viven su el miedo constante, bajo las leyes arbitrarias de los jefes de los grupos narcoterroristas, que no fueron elegidos por la población, pero imponen su autoridad con el poder de las armas y mantenidos con las ganancias del tráfico.

Otro ejemplo: los actos de violencia organizada en el estado de São Paulo, estado más populoso y rico de Brasil, en el período de 12 a 17 de mayo de 2006, practicado por el grupo criminoso PCC ilustran la necesidad de definir el terrorismo como un marco jurídico para la aplicación del DIH. Este atentado terrorista se caracterizó por la rebelión coordenada en 73 presidios y nueve cadenas públicas de la ciudad de São Paulo. Fueron noventa ómnibus quemados en 32 diferentes ciudades, ataques a departamentos de policía, bomberos, guardas municipales, familias de policiales, agentes penitenciarios, agentes privados de seguridad y civiles, utilizando granadas, bombas artesanales y ametralladoras. En el período fueron contabilizados 128 muertos y 59 heridos (Disponible en <http://g1.globo.com/sao-paulo/noticia/2016/05/ha-dez-anos-sao-paulo-parou-durante-serie-

de-ataques-contra-policiais-e-civis.html> acceso el 20 de agosto de 2020).

La diseminación de rumores y mentiras en los medios sensacionalistas, juntamente con la ausencia de informaciones del gobierno paulista, generó en la populación un sentimiento profundo de pánico y un ambiente de terrorismo, como lo atestan las noticias de los medios nacionales e internacionales.

Es necesario destacar que el gobierno brasileño no considera este evento como un acto terrorista, pero solamente un crimen practicado por una organización criminosa. Mientras tanto, es una información de fuente segura que el gobierno y el grupo PCC pactaron una tregua y condiciones específicas de los jefes de la organización sobre el régimen carcelario.

Estos casos aclaran que no es adecuado tratar los narcoterroristas como criminosos comunes, con todos los derechos y garantías de los ciudadanos como el habeas corpus, la inviolabilidad de sigilo de telecomunicaciones, la inviolabilidad de domicilio, la prohibición de prisión incomunicado, y otros derechos garantidos a todos los ciudadanos.

Un abordaje más adecuado es reconocer que estos grupos criminosos formaron Estados Paralelos (conocidos como *Black Spots*) dentro del país y ajenos al Estado de Derecho. Este cambio de paradigma jurídico resta claro cuando el grupo criminoso tiene la capacidad de realizar atentados terroristas, y los practica con el objetivo principal de continuar sus actividades criminosas sin ser molestados por las fuerzas de seguridad.

12. CONCLUSIÓN

El crimen organizado es comúnmente llamado Poder Paralelo, teniendo en vista las diversas formas utilizadas por esos grupos para continuar con sus actividades ilícitas a margen de la ley. Blanqueamiento de dinero, receptación de productos de origen criminal, corrupción de agentes públicos, todas esas prácticas son largamente puestas en práctica por los criminales para disfrutar del resultado de sus delitos.

Sin embargo, todo crimen es un desafío para la orden jurídica, porque siempre habrá personas que no se someten a la ley, y por eso el Estado tiene el poder legítimo de usar medios violentos para garantir la ley y la orden. Por supuesto el uso de la violencia es monopolio del Estado, y los ciudadanos no deben buscar hacer justicia con las proprias manos para no volver a la barbarie de tiempos remotos.

Pero existen algunos crímenes practicados con la intención específica de modificar o destruir todo el ordenamiento jurídico en vigor, de forma a permitir el acceso de personas al poder político desconsiderando el proceso democrático, sin ningún compromiso con el interés público, es decir, el progreso económico de la colectividad, la paz em la sociedad y el bien estar de los ciudadanos.

En ese caso no se trata más de crímenes contra el individuo o grupo de individuos, sino de crímenes contra el Estado, denominado también crimen de lesa-patria. El terrorismo, como herramienta de modificación de la relación de poder, tiene por objetivo principal la sumisión del poder constituido democráticamente a otro poder, el de las organizaciones terroristas, siendo que las personas asesinadas y los bienes destruidos no son más que objetivos secundarios.

Si es el Estado de Derecho lo que el terrorismo intenta someter, es el Estado de Derecho el que debe ser protegido contra esta forma de crimen. Seguramente todos los ciudadanos afectados tendrán por consecuencia la protección de su vida, salud y propiedad contra los atentados terroristas, visto ser deber del Estado garantir esos derechos fundamentales a todas las personas bajo su custodia.

Cuando un migrante ingresa en un país para habitar, trabajar, estudiar, y de todo modo contribuye para la mejora de la sociedad en que está inserido, es necesario adecuarse a las leyes del Estado, aún que sean contrarios a las costumbres de su origen. Para habitar el territorio, es necesario someterse a la Soberanía, y sin esa base el multiculturalismo se convierte en un mosaico cultural sin sentido y propenso a la fricción social (VEGA, 2020).

Ese mosaico desconectado se presenta un ambiente conducente a la creación de ciudadanos sin la protección de facto del gobierno, y el vacuo de poder em esas zonas de exclusión es rápidamente tomado por grupos criminosos. Si el Estado no los combate, o se aprovechan de ellos con fines electorales, seguramente crecen hasta el punto de amenazar todos los ciudadanos y el Estado de Derecho donde viven.

Cuando ese grupo practica un acto capaz de desestabilizar la orden jurídica en vigor, como un atentado terrorista, tal grupo demuestra no ser solamente una amenaza a un ciudadano o grupo de ciudadanos, sino a todos los ciudadanos que disfrutan de las garantías de vivir en una democracia.

A. P. Schmid, funcionario jefe del Oficio de la Prevención de Terrorismo de las Naciones Unidas, define terrorismo como "el equivalente en tiempo de paz a un crimen de guerra" (Apud MEDHURST, 2008). En la historia de la humanidad un atentado terrorista fue el fusible para empezar un conflicto armado en más de una oportunidad.

El 28 de junio de 1914, Gavrilo Princip, miembro del grupo terrorista Black Hand, disparó y mató al Archiduque Franz Ferdinand de Austria y a su esposa. El mismo día el padre de la víctima, el emperador de Austria-Hungría Franz Joseph, declaró la guerra a Serbia. Treinta días después, en efecto dominó, comenzó la Primera Guerra Mundial (MEDHURST, 2008).

Los ataques de los musulmanes a los peregrinos europeos a camino de Jerusalén fue uno de los motivos para el Papa Urbano II llamar a los fieles cristianos a empezar las Cruzadas, de forma a permitir el libre acceso a la Ciudad Santa sin peligro de saque, muerte y otras molestias (MORAL, 2020).

En conclusión, el acto terrorista, llenas las condiciones ya presentadas, puede ser considerado el marco jurídico que permite reconocer que el grupo criminal es de ahora en adelante un grupo revolucionario, y por lo tanto las reglas jurídicas que ordenan su enfrentamiento son el Derecho Internacional de los Conflictos Armados / Derecho Internacional Humanitario, similarmente a una guerrilla, con vistas a la defensa del Estado-Nación y la persecución legal de posibles criminales de guerra, según el Derecho Internacional.

Para configurar un conflicto armado es necesario que al menos una de las partes declare el estado de beligerancia. Seguro que un atentado terrorista, como expuesto anteriormente, es equivalente a dicha declaración. Cierto que no todos los actos de terror tienen la capacidad para desencadenar un conflicto armado, pero un evento de esa naturaleza no puede ser ignorado por el gobierno local ni por la comunidad internacional, para ser debidamente rechazado y permitir a los ciudadanos golpeados que vivan en una sociedad sin miedo.

Especial atención debe ser hecha a los aspectos de la guerra jurídica que los grupos terroristas aprovechan para obtener más ventajas para sus objetivos, tanto a nivel táctico como las garantías fundamentales del ciudadano, no aplicable a los combatientes ni los terroristas, como a nivel estratégico, como las acusaciones de que el gobierno es autoritario y oprime la populación para combatir el grupo terrorista.

En el pasado, las amenazas a la paz y la seguridad internacionales eran tratadas por cada país por separado, de acuerdo con su capacidad militar y sus posibilidades financieras. Sin embargo, hoy en día la comunidad internacional debe combatir estas amenazas en países que no cuentan con los recursos suficientes para enfrentarla (países débiles), porque puede aportar legitimidad y unidad de esfuerzo a todos aquellos que no están interesados en la paz y en la democracia, sino en el conflicto y la toma de poder.

El terrorismo es una amenaza para la soberanía del Estado y, por tanto, para la existencia de una Nación. Ya sea pequeño o enorme, sea la víctima de un Estado fuerte o fallido, será considerado una amenaza a la paz y la seguridad internacionales, y un crimen en el derecho internacional, que debe combatirse adecuadamente tanto a nivel táctico como estratégico.

En conclusión, la lucha contra el terrorismo es el desafío para la comunidad internacional en este siglo. La doctrina adecuada del terrorismo como delito de derecho internacional, y la aplicación del Derecho Internacional Humanitario para la prevención y el combate de ese crimen, especialmente en países cuya paz se encuentra debilitada o frágil, son una gran oportunidad para tener una política antiterrorista de larga data.

REFERÉNCIAS BIBLIOGRAFICAS

ARBOUR, Louise, "Economic and social justice for societies in transition", International Journal of Law and Politics, 2010.

AUGUSTO, Agnaldo Del Nero. A Grande Mentira. Editora Bibliex, 2001

BALMOND, Louis. Droit du recours à la force. Université de Nice, 2010.

BOBBIO, Norberto. As Ideologias e o Poder em Crise. Pluralismo, Democracia, Socialismo, Comunismo, Terceira Via e Terceira Força. Trad. João Ferreira. São Paulo: Editora Polis, 1988.

BROWNLIE, Ian. Principles of Public International Law. Oxford Press, 2008.

CARVALHO, Leandro. "Guerrilhas na América Latina"; Brasil Escola. <https://brasilescola.uol.com.br/historia-da-america/guerrilhas-na-america-latina.htm> acceso en 10 julio 2020

CIETTO, Rogerio. Combating the Good Combat – How to Fight Terrorism with a peacekeeping mission. Disponible en <www.peaceopstraining.org> acceso el 20 agosto 2020

BRASIL, REPÚBLICA FEDERATIVA DO, Lei 13.260, de 16 de março de 2016. Disponible en <http://www.planalto.gov.br/ccivil_03/_ato2015-2018/2016/lei/l13260.htm> acceso en 20 de agosto de 2020.

_____. Decreto 10.030, de 30 de septiembre de 2019, Regulación de Productos Controlados (R-105).disponível em <www.planalto.gov.br>, acceso el 20 de noviembre de 2018.

DALLARI, Dalmo de Abreu. Elementos de Teoria Geral do Estado. 20. ed. Saraiva, 1998.

D'ARC, Moizés. O direito como instrumento de combate. Acceso el 20 agosto 2020 en <https://revista.mpm.mp.br/artigo/artigos-ineditos-o-direito-como-instrumento-de-combate/

DUNLAP Jr, Charles. Guerra jurídica – uma introdução. Acceso el 20 agosto 2020 en <https://www.armyupress.army.mil/Portals/7/

military-review/Archives/Portuguese/4thQtr17/a-guerra-juridica-uma-introducao.pdf>

FRANCISCO, Wagner de Cerqueira e. "Farc"; <https://brasilescola.uol.com.br/historia/farc.htm> Acceso 10 julio 2020.

GLOBO, Portal de Noticias. Disponible en <http://g1.globo.com/sao-paulo/noticia/2016/05/ha-dez-anos-sao-paulo-parou-durante-serie-de-ataques-contra-policiais-e-civis.html> acceso el 20 de agosto de 2020.

______. Disponible en <https://g1.globo.com/politica/noticia/2019/01/27/cronologia-atentado-contra-jair-bolsonaro.ghtml>. Acceso el 20 de agosto de 2020.

INTERNATIONAL LEGAL PROTECTION OF HUMAN RIGHTS IN ARMED CONFLITS, disponible en <www.un.org>

KELSEN, Hans. Teoria Geral do Direito e do Estado. 4. ed. São Paulo: Martins Fontes, 2005.

LA JUSTICE TRANSITIONNELLE – UNE VOIE VERS LA RÉCONCILIATION ET LA CONSTRUCTION DE LA PAIX DURABLE, disponible el <www.un.org>, acceso el 20 de agosto de 2020

LA RESPONSABILITÉ DE PROTÉGER. Rapport de la Commission Internationale de l'Intervention et de la Souveraineté des États. Centre de Recherches pour le Développement International, 2001.

LEAL, Guillermo Calleja. Derecho Internacional de los Derechos Humanos y Derecho Operacional. Universidad Antonio de Nebrija, 2020.

MAQUIAVEL, Nicolau, O Príncipe. Ed. Cia das Letras, 1999.

MARQUES, Arquimedes José Melo. A polícia, a legislação e o Poder Paralelo https://www.infoescola.com/sociedade/a-policia-a-legislacao-e-o-poder-paralelo/> Aceso el 10 de julio de 2020

MARTINEZ, Rafael Matamoros. Justicia Internacional y Derechos Humanos. Universidad Antonio de Nebrija, 2020.

MEDHURST, Paul. Global Terrorism. Peace Operations Training Institute, 2008.

MEYROWITZ, Henri. Le principe de l'egalité des belligérants devant le droit de la guerre. Université de Nice, 2010.

MILLET-DEVALLE, Anne-Sophie. Religions et Droit International Humanitaire. Université de Nice, 2010.

MIRANDA, Jorge. Manual de Direito Constitucional. Tomo III. Estrutura Constitucional do Estado. Editora Coimbra, 1983

MORAL, Daniel Rey. Derecho Internacional Humanitário y Derechos Operacional. Universidad Antonio de Nebrija, 2020.

SECONDAT, Charles de (Baron de Montesquieu). L'esprit des lois. Université de Nice, 2010.

MOULIER, Isabelle. La répression des crimes de Droit International. Université de Nice, 2010.

PROGRAMME HUMANMED. Guerre Asymétrique et droit international humanitaire, possibilités de dévellopement. Université de Nice, 2010.

RAM, Sunil. The History of United Nations Peacekeeping Operations From Retrenchment to Resurgence: 1997 to 2006. Peace Operations Training Institute, 2008.

REPORT OF THE INTERNATIONAL COMMISSION OF JURISTS, Assessing Damage, Urging Action. Report of the Eminent Jurists Panel on Terrorism, Counter-Terrorism and Human Rights. Université de Nice, 2008, pg. 83.

ROMANI, Carlo; SCIARETTA, Massimo. História Contemporânea, v 1 e 2. CECIERJ, 2011.

RONA, Gabor. Interesting Times for International Humanitarian Law: Challenges from the War on Terror. Université de Nice, 2010.

ROTH, Kenneth. The Law of War in the War on Terror. Université de Nice, 2010.

ROUSSEAU, Jean-Jacques. Du Contrat Social. Université de Nice, 2010.

UNITED NATIONS. Security Council Resolutions and other UN documents. Disponible en <www.un.org>. Aceso el 20 de agosto de 2020.

UOL, Portal de Notícias. Disponible en <https://noticias.uol.com.br/politica/eleicoes/2018/noticias/2018/09/22/crime-organizado-nas-eleicoes-faccoes-criminosas-do-brasil-na-politica.htm> acceso el 20 de agosto de 2020.

VEGA, Ignacio Matalobos González de la. Multiculturalismo, Globalización y Cidadania. Universidad Antonio de Nebrija, 2020.

VEJA, Portal de Notícias. Disponible en <https://veja.abril.com.br/brasil/bolsonaro-terror-capa-veja/> Acceso el 20 de agosto de 2020

VEUTHEY, Michel. Perspectives et propositions pour mieux faire respecter le droit international humanitaire. Université de Nice, 2010.

WEBER, Max. A Política por Vocação. Munique, 1919.

WILKERSON, Philip R., RINALDO, Richard J. Principles for the Conduct of Peace Support Operations. Peace Operations Training Institute, 2008.

WOODS JR, Thomas E. Como a Igreja Católica construiu a civilização ocidental. Quadrante, 2014.

###

Este libro representa la opinión del autor y nada más; no representa la opinión de ningún gobierno, organización o tercero.

Asimismo, no contiene información sensible o confidencial. Siempre juego según las reglas.

Gracias por su interés en leer este libro. Mi más sincero agradecimiento.

Ciertamente mucha gente no estará de acuerdo con él, como es habitual en cualquier discusión en derecho ... Así que me gustaría conocer tu punto de vista.

No dude en enviar sugerencias, comentarios y opiniones a rogeriocietto@gmail.com, Asunto El fusible del fusil. Su correo electrónico es muy bienvenido.

Lamento informarle que no me encontrará en Facebook, Twitter, Orkut o cualquier otro tipo de medio.

Alguna información sobre mi:

Formación Academica

1998 - 2002 - Grado en Derecho.

Faculdade de Derecho de Itu, Faditu, Brasil

2004 - 2005 - Postgrado en Derecho Tributário.

Faculdade de Derecho de Itu, Faditu, Brasil

2008 - 2008 - Postgrado en Aplicaciones Complementares a las Ciencias Militares - Derecho.

Escola de Administración del Ejército, EsAEx, Salvador, Brasil

2009 - 2010 - Postgrado (Especialización) en Derecho Internacional Humanitário

Programa HUMANMED - Université de Nice, France

2011 - 2012 – Qualificación Profissional en Operaciones de Paz

Peace Operations Training Institute, United States of America

2016 – 2016 – Curso de Perfeccionamiento Militar en Derecho

Escuela de Perfeccionamiento del Ejército, Brasileiro

2018 – 2019 – Postgrado en Derecho Militar

Centro Universitário Sul de Minas, Brasil

2020 - 2021 – Master Universitario en DDHH, DIH y Derecho Operacional

Universidad Antonio de Nebrija, España

Organizaciones Militares en que estuvo:

2008 - Escola de Administração do Exército, Salvador, Brasil

2009 – 8ª Região Militar, Floresta Amazônica, Belém, Brasil

2010 – Companhia de Fronteira Amapá, Oiapoque, Brasil

2011 – Departamento de Engenharia e Construção, Brasília, Brasil

2012 – Batalhão Brasileiro no Haiti, Port-au-Prince, Haiti

2013 – Comando de Operações Especiais, Goiânia, Brasil